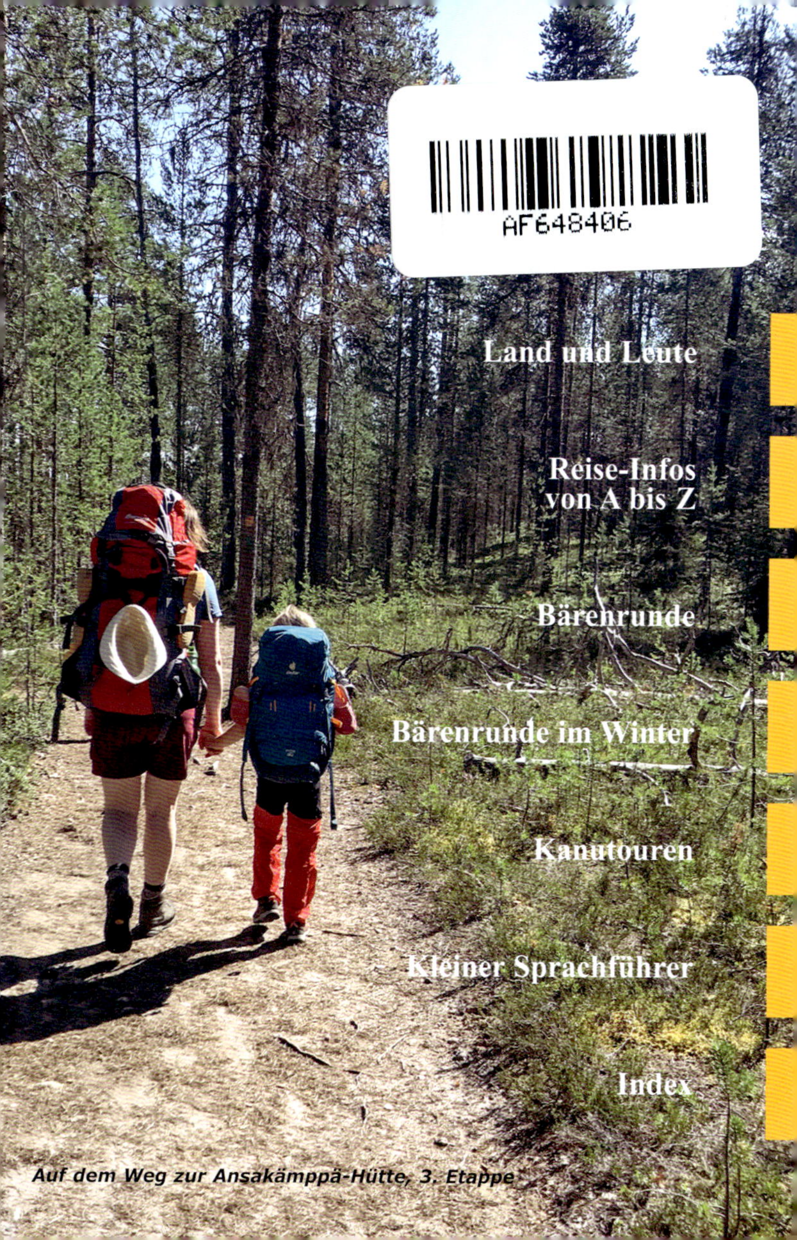

AF648406

Auf dem Weg zur Ansakämppä-Hütte, 3. Etappe

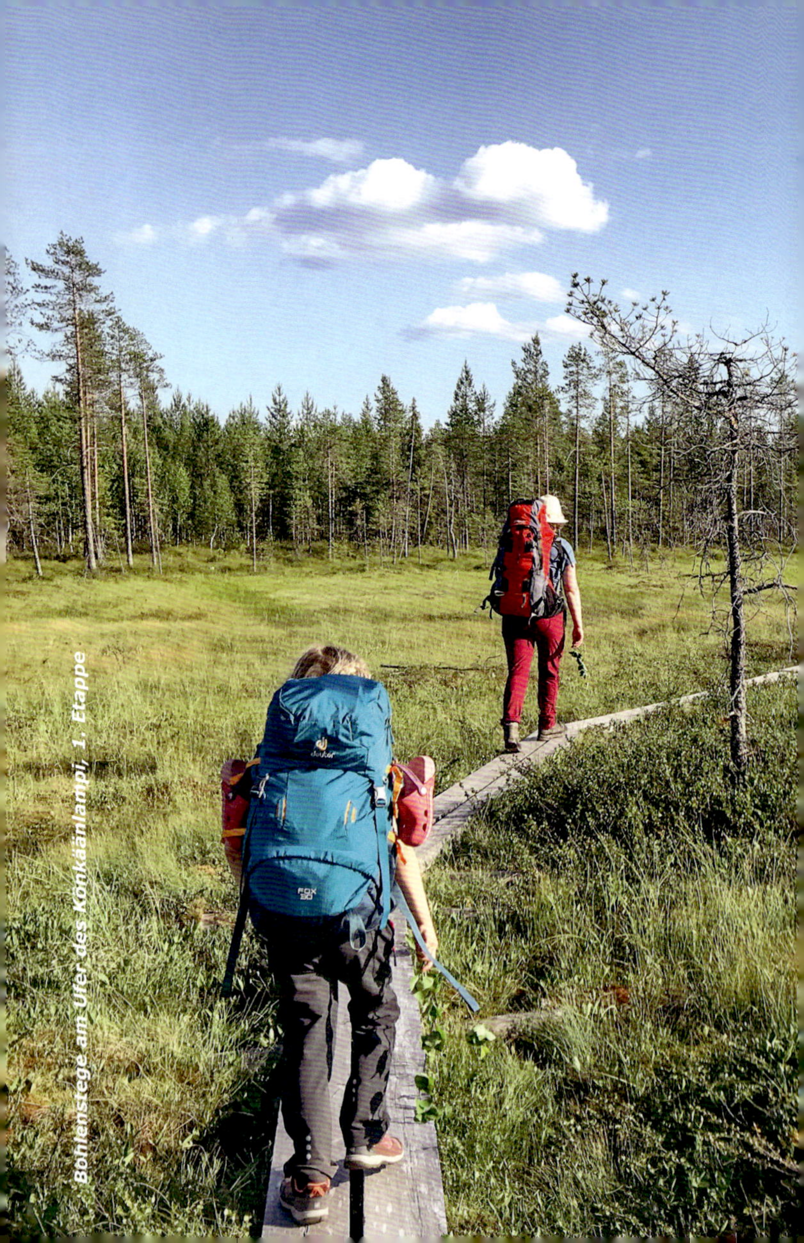

Bohlenstege am Ufer des Könkäänlampi, 1. Etappe

Band 85

OutdoorHandbuch

Michael Hennemann

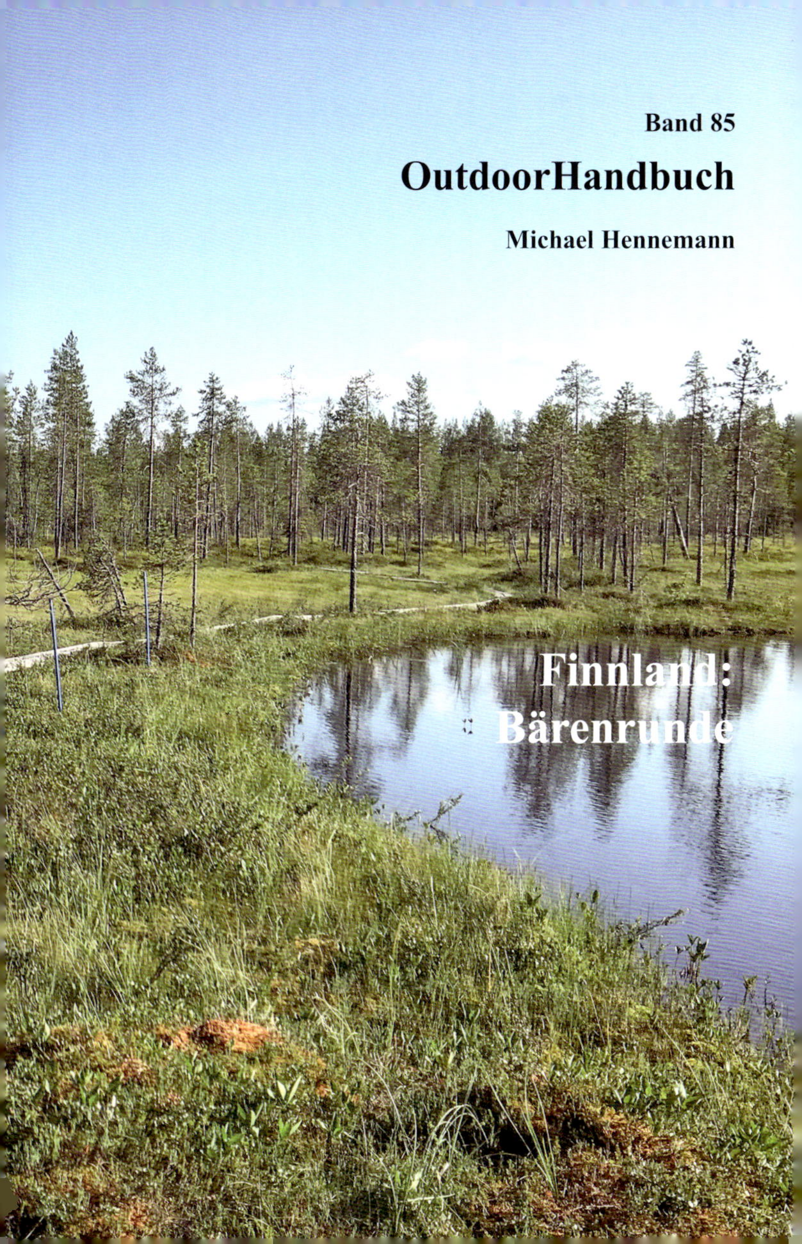

Finnland: Bärenrunde

Finnland: Bärenrunde

Copyright Conrad Stein Verlag GmbH.
Alle Rechte vorbehalten.

Der Nachdruck, die Übersetzung, die Entnahme von Abbildungen, Karten, Symbolen, die Wiedergabe auf fotomechanischem Wege (z. B. Fotokopie) sowie die Verwertung auf elektronischen Datenträgern, die Einspeicherung in Medien wie Internet (auch auszugsweise) sind ohne vorherige schriftliche Genehmigung des Verlages unzulässig und strafbar.

Alle Informationen, schriftlich und zeichnerisch, wurden nach bestem Wissen zusammengestellt und überprüft. Sie waren korrekt zum Zeitpunkt der Recherche. Eine Garantie für den Inhalt, z. B. die immerwährende Richtigkeit von Preisen, Adressen, Telefon- und Faxnummern sowie Internetadressen, Zeit- und sonstigen Angaben, kann naturgemäß von Verlag und Autor – auch im Sinne der Produkthaftung – nicht übernommen werden.

Der Autor und der Verlag sind für Lesertipps und Verbesserungen (besonders per E-Mail) unter Angabe der Auflagen- und Seitennummer dankbar.

Dieses OutdoorHandbuch hat 128 Seiten mit 33 farbigen Abbildungen sowie 8 farbigen Kartenskizzen im Maßstab 1:100.000, 7 farbigen Höhenprofilen und einer farbigen, ausklappbaren Übersichtskarte. Es wurde auf chlorfrei gebleichtem, FSC®-zertifiziertem Papier gedruckt, in Deutschland klimaneutral hergestellt und transportiert und wegen der größeren Strapazierfähigkeit mit PUR-Kleber gebunden.

FSC
www.fsc.org
MIX
Papier aus verantwortungsvollen Quellen
FSC® C009051

Klimaneutral
Druckprodukt
ClimatePartner.com/10951-2004-1004

Dieses Buch ist im Buchhandel und in Outdoor-Läden erhältlich und kann im Internet oder direkt beim Verlag bestellt werden.

OutdoorHandbuch aus der Reihe „Der Weg ist das Ziel", Band 85

ISBN 978-3-86686-667-6 4., überarbeitete Auflage 2020
© Basiswissen für draussen, Der Weg ist das Ziel und FernwehSchmöker sind urheberrechtlich geschützte Reihennamen für Bücher des Conrad Stein Verlags

Text und Fotos: Michael Hennemann
Karten: Heide Schwinn
Lektorat: Anna-Lena Ebner
Layout: Alexandra Sauerland

Gesamtherstellung: gutenberg beuys feindruckerei

Dieses OutdoorHandbuch wurde konzipiert und redaktionell erstellt vom:

Conrad Stein Verlag GmbH, Kiefernstr. 6, 59514 Welver,
☎ 023 84/96 39 12, FAX 023 84/96 39 13,
info@conrad-stein-verlag.de,
www.conrad-stein-verlag.de

Besuchen Sie uns bei Facebook & Instagram:

www.facebook.com/outdoorverlag

www.instagram.com/outdoorverlag

Titelfoto: Hängebrücke über die Taivalköngäs, 2. Etappe

Inhalt

Einleitung

Von der Bärenrunde bis zum Polarkreis ist es nicht mehr weit. Die ungünstigen klimatischen Verhältnisse erschweren die Landwirtschaft, was dazu geführt hat, dass diese Region erst spät von der Zivilisation erfasst wurde und bis heute dünn besiedelt blieb.

Immer noch ist Kuusamo für viele Finnen gleichbedeutend mit intakter Natur. Nicht selten werden Sie auf finnische Wanderer stoßen, die „mal eben" 800 km von Helsinki gefahren sind, um ein Wochenende lang auszuspannen und dem Großstadtrummel zu entfliehen.

Ob Wandern, Skilaufen oder Paddeln – Kuusamo ist die richtige Umgebung für alle Outdoor-Begeisterten. Das vorliegende Buch soll Sie auf Ihrer Tour begleiten und alle für Ihr Vorhaben nötigen Informationen liefern.

Die Wegbeschreibung der Bärenrunde ist in sechs Etappen unterteilt, die zwischen 8,3 km und 19,3 km lang und so gewählt sind, dass Sie am Ende des Tages in einer Wildmarkhütte übernachten können. Zusätzlich zur eigentlichen Bärenrunde werden interessante Abstecher in die nähere Umgebung beschrieben.

Während eine Wanderung im Sommer vor allem etwas für diejenigen ist, die erste Erfahrungen auf einer Wildnistour sammeln wollen, stellt eine Wintertour auch für erfahrene Trekker eine Herausforderung dar. Das Buch liefert Ratschläge und Hinweise zur richtigen Ausrüstung und weist auf die Besonderheiten der Winterroute hin.

Bei den Tourenbeschreibungen werden die finnischen Bezeichnungen verwendet, wie sie in den Landkarten zu finden sind. Wenn Sie zu Beginn bei den Endungen -joki, -köngäs, -järvi, -kämppä, -saari oder -vaara Schwierigkeiten haben, an einen Fluss, eine Stromschnelle, einen See, eine Hütte, eine Insel oder einen Berg zu denken, hilft Ihnen die Wörterliste mit den wichtigsten geografischen Bezeichnungen am Ende des Buches weiter (☞ Kleiner Sprachführer).

Die Flüsse von Kuusamo sind bei Wildwasserkanuten bekannt. Weniger bekannt, deshalb aber nicht weniger reizvoll sind Paddeltouren auf den Seen der Region, die in diesem Buch vorgestellt werden. Sie sind sowohl für Anfänger als auch für Familien im Canadier geeignet.

Neben der reinen Wegbeschreibung liefert das Buch Wissenswertes zu Geografie, Landschaft, Flora und Fauna und natürlich auch zum Namenspatron des Wanderweges, dem Bären „karhu".

„Karhunkierros", so lautet die finnische Bezeichnung der Bärenrunde – nicht zu verwechseln mit dem „Karhunpolku", dem Bärenpfad in Nordkarelien. Der Bär ist in Finnland seit jeher hoch angesehen und schon die Menschen der Altsteinzeit betrieben einen regelrechten Bärenkult. Die Köpfe getöteter Bären wurden in den Höhlen auf Stangen gespießt und umtanzt. Den Jägern war es verboten, den Bären beim Namen zu nennen, um seinen Geist nicht zu reizen.

In der jüngeren Vergangenheit machten die Jäger ihre Runde nach dem ersten Schneefall im Herbst, wenn die Fußspuren der Bären deutlich zu erkennen waren. War die Schneedecke dick genug, kehrten sie zu den Höhlen zurück, scheuchten die Bären auf und begannen mit der Jagd. Selbst wenn der Bär fliehen konnte, kam er in dem tiefen Schnee nur schwer voran und es war ein Leichtes, ihm auf Skiern zu folgen.

Einem Bären werden Sie auf Ihrer Wanderung wohl kaum begegnen, aber dramatische Stromschnellen, wilde Wasserfälle, verträumte Wälder, schroffe Felsformationen und weite Moorlandschaften lassen die Tour zu einem eindrucksvollen Erlebnis werden.

Michael Hennemann

Danke

Ein herzliches Dankeschön geht an die aufmerksamen Leser und Leserinnen Markus Seemann, Cathrin Hermann und Heike Nicklisch, die mit ihren Hinweisen und Anregungen zur vierten Auflage dieses Wanderführers beigetragen haben. Bereits die Vorauflagen zu verbessern, halfen Thomas Noah, Peter Fröhlich, Oliver Schröder und Michaela Steinert, Pamela Dietze, Kristin Falk, Britta Link, Thomas Weigend, Karin Jankovsky, Markus Ludwig und Anja Näpfel sowie Thomas Barow von der Deutsch-Finnischen Gesellschaft mit fundierten Hinweisen zum Kapitel „Land und Leute".

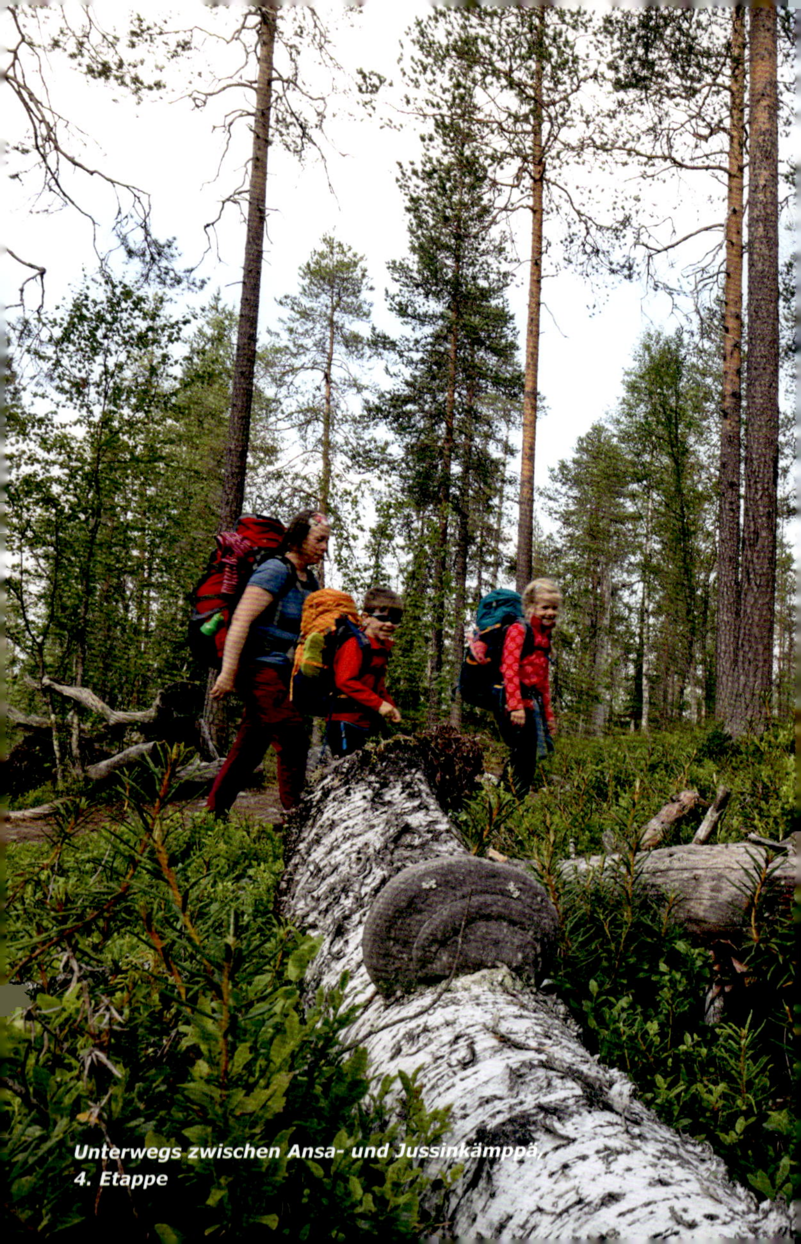
Unterwegs zwischen Ansa- und Jussinkämppä, 4. Etappe

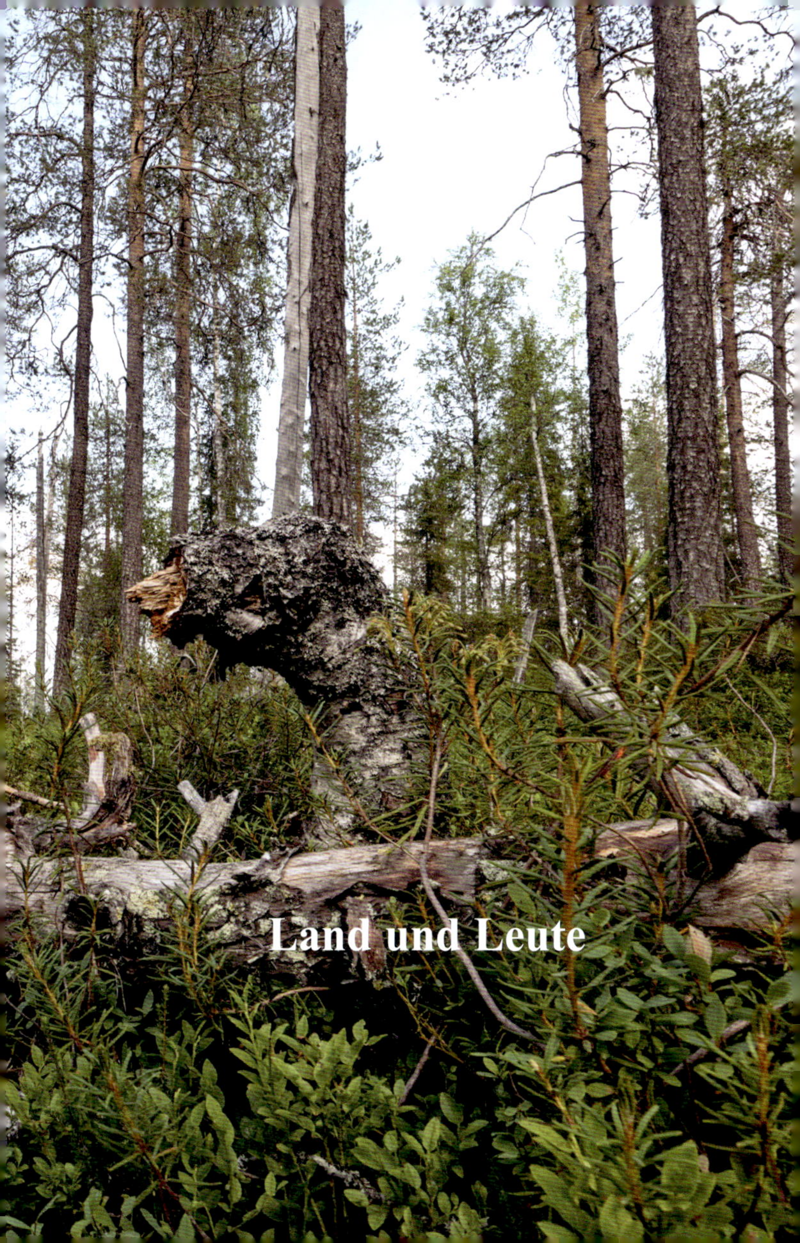

Land und Leute

Geschichte

Die ersten Spuren einer Besiedlung in der Region Kuusamo stammen aus der Steinzeit. In der Kiutaköngäs-Schlucht gefundene Quarzsplitter deuten darauf hin, dass sich hier ein erster Siedlungsort befand. Auch am Paanajärvi, in den der Oulankajoki östlich der heutigen Grenze zu Russland mündet, wurden Steinwerkzeuge und Töpferarbeiten aus dieser Zeit gefunden. Im Mittelalter wurde die Region von samischen Stämmen bewohnt, die eine halbnomadische Lebensweise führten und von Jagd und Fischfang lebten.

Vom Südwesten aus kolonisierten die Schweden Finnland und verbreiteten den römisch-katholischen Glauben während mehrerer Kreuzzüge. 1249 wurde Finnland zu einem schwedischen Fürstentum. Die schwedische Siedlungspolitik, insbesondere das 1673 erlassene Gesetz über die Besiedelung Lapplands, erhöhte die Zahl der Einwohner in Kuusamo. Sie vernichteten den Wildrenbestand, drangen in die Fischgründe der Samen ein und entzogen diesen so ihre Lebensgrundlage. Die Samen wurden ständig weiter in den Norden verdrängt.

Im Nordischen Krieg von 1700 bis 1721 verlor Schweden seine Großmachtstellung in Europa. Finnland wurde 1741/1742 von Russland besetzt und 1809 Teil des Russischen Reiches. Die Bevölkerung der Oulanka-Paanajärvi-Region entwickelte Handelsbeziehungen, die bis an das Weiße Meer reichten. Ab dem Ende des 19. Jahrhunderts wurde das Gebiet zu einem beliebten Urlaubsziel, was sich bis heute nicht geändert hat.

1917 wurde Finnland unabhängig, 1919 zur Republik. Die finnisch-russische Grenze wurde geschlossen und die gewachsenen Handelsbeziehungen der Menschen in der Paanajärvi-Region wurden abrupt beendet.

Die 30er-Jahre brachten den Wohlstand, da die Waldwirtschaft Geld ins Land fließen ließ. Die Holz verarbeitende Industrie erlebte einen Aufschwung, überall im Land wurden Fabriken und Sägewerke errichtet. Die Zahl der Arbeitslosen sank rapide und Finnland war eines der am wenigsten verschuldeten Länder der Welt.

Beendet wurden diese erfolgreichen Jahre durch den Zweiten Weltkrieg. Im Jahr 1939 forderte die Sowjetunion Teile der Karelischen Landenge, einige Inseln vor Leningrad sowie die Verpachtung der Halbinsel Hanko am Finnischen Meerbusen im Austausch gegen Teile Ostkareliens. Als die finnische Regierung diese Forderung ablehnte, griff die Rote Armee im November 1939 an. Im so genannten Winterkrieg (1939 bis 1940) verlor Finnland etwa 10 % seines Staatsgebietes. Im „Fortsetzungskrieg" (1941 bis 1944) versuchte Finnland an der Seite

Nazideutschlands den alten Grenzverlauf wiederherzustellen. Nach kurzfristigen Erfolgen im Sommer 1942 wurden im Friedensvertrag mit der Sowjetunion im Jahr 1947 aber die Gebietsverluste im Süden festgeschrieben und Finnland musste weitere Gebiete im Osten und Norden an die Sowjetunion abgeben.

Nach dem Zweiten Weltkrieg wurde Finnland auf der einen Seite durch den Vertrag über Freundschaft und Zusammenarbeit aus dem Jahr 1948 mit Handelsverträgen bis zur politischen Wende in Russland mit dem Osten verknüpft, verhielt sich auf der anderen Seite aber sicherheitspolitisch strikt neutral und bekannte sich auch in Zeiten des Kalten Krieges zum freiheitlich-demokratischen System Nordeuropas. Durch außerordentlich maßvolles und geschicktes Agieren gelang es der jeweiligen finnischen Staatsführung so, die eigene Unabhängigkeit zu bewahren.

Seit 1995 ist Finnland Mitglied der Europäischen Union, 1999 trat das Land der Europäischen Währungsunion bei.

Geografie

Finnland hat eine Gesamtfläche von fast 338.000 km² und ist damit das siebtgrößte Land Europas. Etwa 10 % des Staatsgebietes sind von Wasser und etwa 69 % von Wald bedeckt, 8 % der Fläche werden landwirtschaftlich genutzt. Die längste Nord-Süd-Ausdehnung beträgt knapp 1.200 km und die größte Breite von Westen nach Osten 540 km.

Finnland ist ein ausgesprochenes Tiefland. Die mittlere Höhe beträgt 150 m. Bis zu einer geografischen Breite von 67° Nord, also in etwa auf Höhe des Polarkreises, liegt das Land unter dem ehemals höchsten Meeresspiegel; die Vorgänger der Ostsee überfluteten diese Landesteile und lagerten fruchtbare Sedimente ab. Für den Ackerbau geeignete Böden finden sich daher nur im südlichen Landesteil und dort vor allem in Küstennähe.

Regionen

Obwohl Finnland aufgrund seiner Ebenheit, des gleichmäßigen Klimas und des dominierenden Nadelwalds kaum große Unterschiede zwischen den einzelnen Landesteilen aufweist, kann man die folgenden Regionen unterscheiden:

- ▷ Im Industriegürtel im Südteil des Landes wohnt fast ein Drittel aller Finnen. Die tonigen und sandigen Ebenen werden intensiv landwirtschaftlich genutzt.

- ▷ Die südfinnische Seenplatte wird begrenzt durch zwei gewaltige Moränenwälle: Suomenselkä im Norden und Salpausselkä im Osten. Die 500 km lange Endmoräne Salpausselkä liefert ideale Voraussetzungen für den Skitourismus, am höchsten Punkt erreicht sie 233 m.
- ▷ Das ehemals schwedische Siedlungsgebiet Österbotten (Pojanmaa) am Bottnischen Meerbusen umfasst die Provinz Vaasa und den westlichen Teil der Provinz Oulu. Während es früher stark durch Landwirtschaft geprägt war, hat sich inzwischen vermehrt Industrie angesiedelt (Rahe: Stahl; Oulu: Chemie und Zellulose).
- ▷ Nordkarelien, Kainuu und Kuusamo sind seenreich und hügelig. Es herrscht ein raueres Klima und die Sümpfe sind ausgedehnter. Die Region Kuusamo ist die Übergangsstation nach Lappland. Hier erheben die ersten Tunturi ihr baumloses Haupt über die ebene Umgebung.
- ▷ Finnisch-Lappland gliedert sich in zwei Teile: Der waldreiche Süden wird fast ausschließlich von Finnen bewohnt und landwirtschaftlich genutzt. Die höchsten Berge des Landes – darunter der 1.324 m hohe Haltitunturi – sind in Nordlappland zu finden. Der sonst so typische Nadelwald wird von Fjällbirken abgelöst.

Geologie

Der Untergrund Finnlands besteht aus uralten Gesteinen, die zu den ältesten der Welt zählen. Ein großer Teil Finnlands, darunter auch die Region Kuusamo, gehört zum Baltischen Schild, der in mehreren Phasen während der Erdfrühzeit (Präkambrium) vor 4 Mrd. bis 600 Mio. Jahren entstanden ist und aus Graniten, Gneisen und Schiefern besteht.

Das heutige Landschaftsbild Finnlands wurde von der Weichseleiszeit geprägt. Diese jüngste Kälteperiode der Erdgeschichte ging vor ca. 8.000 Jahren zu Ende. Zur Zeit der größten Inlandseiserstreckung war Finnland komplett mit Eis bedeckt. Der bis zu 3 km dicke Eispanzer drückte die Erdoberfläche um fast 700 m ein. Nach dem Abschmelzen der Eismassen begann die Landhebung, die bis heute im Gange ist. Von den 700 m, um die sich die Erdkruste gesenkt hatte, sind erst 300 m wieder ausgeglichen.

Finnland wächst noch immer um etwa 1.000 km² pro Jahrhundert. Küstenstädte werden auf diese Weise zu Binnenstädten – Vaasa und Pori zum Beispiel liegen heute 15 km landeinwärts – und neue Inseln tauchen aus dem Meer auf. Die Wirkung des Eises hat in Finnland spezielle Formen hervorgebracht:

- ▷ **Ebenes Relief und Tunturi**: Die hobelnde Wirkung der Gletscher schuf in Nordfinnland weite Ebenen, die von den sanft geschwungenen Kuppen der baumlosen Tunturi aufgelockert werden, z. B. Pallastunturi (821 m).
- ▷ **Rundhöcker und Rapakivigranite**: Die Rapakivigranite (finnisch für „faulender Stein") gelangten an Schwächezonen der Erdkruste an die Oberfläche. Diese widerstandsfähigen Gesteinsmassen wurden durch die Eismassen zu Rundhöckern, z. B. Koli (347 m) in Nordkarelien, geschliffen.
- ▷ **Trogtäler** im äußersten Norden Finnlands: Diese Täler sind bereits vor der Eiszeit durch Flüsse entstanden. Ihr Verlauf entsprach der Bewegungsrichtung der Eismassen (Lemmenjoki, Kevojoki).
- ▷ **Gletschertöpfe**: Sie entstanden an Stellen, an denen die abhobelnde Kraft des Gletschers und der Druck des Schmelzwassers unter den Gletschern zusammenwirkte (größter Gletschertopf mit 12 m Tiefe: Hiidenkirnut bei Rovaniemi). Der vorrückende Gletscher schob wie eine riesige Planierraupe Gesteinsschutt vor sich her und lagerte ihn als Moränenwall vor sich ab, sodass einige besondere Oberflächenformen entstanden.
- ▷ **Drumlins**: Diese stromlinienförmigen Hügel treten meistens in Schwärmen auf und sind mit ihrer Längsachse in Eisrichtung ausgerichtet. Sie bestehen aus aufgeschobenem, zusammengepresstem Moränenmaterial.
- ▷ **Oser**: Sie bildeten sich beim Abschmelzen der von langen Spaltensystemen durchzogenen Gletscher. Der abgehobelte Schutt quoll unter dem hohen Druck der Eismassen in diese Gletscherspalten und nach dem Abschmelzen blieben wallartige Dämme zurück, die sich kilometerlang durchs Land ziehen (Punkaharju, südlich von Savolinna, etwa 10 km lang).
- ▷ **Seen**: Der Eispanzer wurde zum Rand hin dünner. Am Eisrand war der Druck auf den Untergrund weniger stark und im Gebiet des heutigen Finnlands blieben viele flache Hügel zurück, die das Schmelzwasser nach dem Abtauen des Eises am Abströmen hinderten.

Klima

Finnland liegt im Windschatten des Gebirgszuges der Skanden, der auf einer Länge von 1.700 km entlang der schwedisch-norwegischen Grenze verläuft. Im Osten des Landes erstrecken sich die riesigen Landmassen Osteuropas. Von hier gelangen die Luftmassen ungehindert nach Finnland und bestimmen das kontinental geprägte Klima. Im Sommer sorgen die Ostsee und die zahlreichen Seen für eine Abkühlung ihrer Umgebung. Im Winter erhöht die zugefrorene Ostsee die Temperaturdifferenzen.

Der Golfstrom wirkt sich mit seinen warmen Luft- und Wassermassen positiv auf das Klima aus. Im Mittel ist es wärmer als an anderen Orten vergleichbarer Breite, wie z. B. Grönland, im Winter um mehr als 10° C, im Sommer um 2° C bis 4° C.

Besonders deutlich wird der kontinentale Einfluss auf das Klima, wenn man die Temperaturunterschiede zwischen Sommer und Winter betrachtet, die am selben Ort bis zu 30° C betragen können.

Im Sommer liegt die Differenz zwischen der wärmsten und der kältesten Region nur bei etwa 4° C. Die mittlere Julitemperatur beträgt in Südfinnland 17° C bis 18° C und in Lappland 14° C bis 15° C.

Im Winter dagegen wird der Unterschied zwischen den Regionen größer und kann bis zu 15° C betragen. Das Februarmittel liegt auf den Ålands bei -4° C, in Lappland sinkt das Thermometer bis auf -19° C. Die Kontinentalität nimmt von Westen nach Osten und von Süden nach Norden zu. Während die Jahresschwankungen der Temperatur in Helsinki knapp 23° C betragen, sind es etwa 380 km nordöstlich in Kuopio schon um die 27° C.

Die Niederschlagsverteilung weist in Finnland kaum Unterschiede auf, da größere Höhenunterschiede fehlen. Mit 400 bis 450 mm sind die Niederschlagsmengen in Lappland im Regenschatten der Skanden am niedrigsten. Der Niederschlag im Winterhalbjahr fällt fast ausschließlich in Form von Schnee. Eine geschlossene Schneedecke hält sich im Südwesten für 80 bis 140 Tage, im Norden dagegen für 220 bis 250 Tage. Die höchsten Schneedecken sind im östlichen Landesteil und in der Provinz Lappland zu finden.

Der mittlere Jahresniederschlag in Kuusamo liegt bei 520 mm. Das Klima weist deutlich kontinentale Züge mit kurzen, warmen Sommern und langen, kalten Wintern auf. Die mittlere Jahrestemperatur liegt bei 0° C, die Spannweite der höchsten und der niedrigsten Temperatur im Jahresverlauf kann dabei bis zu 70° C betragen. Im Juli klettert das Thermometer auf bis zu 28° C, im Februar sinkt die Quecksilbersäule auf -37° C.

Flora

Die Wälder in Kuusamo werden als borealer Nadelwald bezeichnet. Diese Vegetationszone erstreckt sich als Gürtel über alle Kontinente der Nordhalbkugel und wird von kurzen, warmen Sommern und lang andauernden, schneereichen Wintern geprägt.

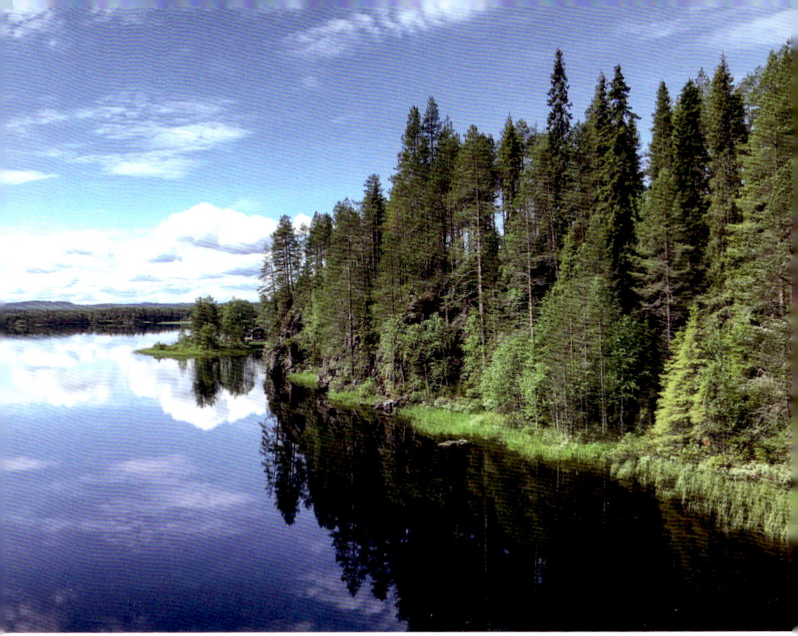

Retki-Etappi in Juuma, 5. Etappe

Vor allem Nadelbäume sind optimal an die widrigen Klimabedingungen angepasst. Durch das Nadelblatt können sie die kurze Vegetationszeit im Sommer voll ausnutzen. Während Laubbäume ihre Blätter erst neu ausbilden müssen, sind die Nadelbäume bereits in der Lage, Photosynthese zu betreiben. Die meist säulenförmigen Kronen der Bäume vermindern die Gefährdung durch Schneebruch und ermöglichen eine gute Nutzung der schräg einfallenden Sonnenstrahlen bei niedrigem Sonnenstand.

Die „Taiga", wie dieser Nadelwald in Anlehnung an die russische Bezeichnung für Urwald genannt wird, zeigt sich in Nordeuropa besonders artenarm. Auf nährstoffreichen Böden wächst ein dichter Fichtenbestand, an trockenen, sandigen, aber auch nassen, nährstoffarmen Standorten ein lichter Kiefernwald.

Für den Kiefernheidewald typisch ist ein reichhaltiger Unterwuchs aus verschiedenen Moosarten (Isländisches Moos, Gemeines Widertonmoos), Preisel-, Heidel-, Rausch- und Krähenbeeren sowie Flechten, z. B. der Rentierflechte, die so weich, zäh und saugfähig ist, dass sie früher als Windel für Kleinkinder benutzt wurde.

In Nordeuropa gibt es etwa 2.000 Flechtenarten. Am Ende der letzten Eiszeit besiedelten sie als Erste das Land und schufen die Grundlage für höhere Lebensformen. Flechten sind wahre Nordlandspezialisten. Keine andere Pflanze vermag derart extreme Standorte zu besiedeln. Auf kargen Steinflächen überstehen sie hohe Sommer- und niedrige Wintertemperaturen und kommen jahrelang ohne Niederschlag aus. Damit noch nicht genug – sie können auch noch bis zu 1.000 Jahre alt werden!

Flechten sind eine Zweckgemeinschaft aus Pilz und Alge frei nach dem Motto: Gemeinsam sind wir stark. Die Alge kann Photosynthese betreiben und liefert dem Pilz Kohlenhydrate, die er zum Wachsen benötigt. Im Gegenzug gibt der Pilz der Alge Wasser und Nährsalze. Flechten sind besonders anfällig für Luftverschmutzungen, da sie ihre Nahrung über die Luft aufnehmen. Neben Schwefeldioxid und Stickoxiden bedroht auch die moderne Waldwirtschaft die Flechten, weil es dort keine natürliche Verjüngung mehr gibt.

Man kann die Flechten nach ihrer Form in folgende Gruppen einteilen:

- Krustenflechten, die auf der Oberfläche von Steinen oder auf der Baumrinde wachsen
- Nabelflechten, die im Gegensatz zur ersten Gruppe nur an einer Stelle in der Mitte mit ihrem Untergrund verbunden sind
- Strauchflechten, die nur an einer Stelle mit dem Untergrund verwachsen sind und wie kleine Sträucher aussehen
- Bartflechten, die oftmals von den Bäumen herunterhängen

Von Bedeutung sind die Flechten vor allem für die Rentierzucht. Während der langen Winter ernähren sich diese Tiere fast ausschließlich von Flechten. Bis zu 2 kg benötigt ein einzelnes Rentier pro Tag.

Mindestens 50 Jahre muss ein Wald alt sein, damit im Rhythmus von 5 Jahren die Flechten gepflückt werden können. Anschließend werden sie getrocknet und weiterverarbeitet, um dann größtenteils in die Bundesrepublik Deutschland exportiert zu werden, wo sie als Grabschmuck oder Eisenbahnmodellbäumchen Verwendung finden.

Der einzige Laubbaum, der mit den widrigen Klimabedingungen umgehen kann, ist die Birke. Sie wächst besonders gerne auf natürlichen Lichtungen und auf vom Menschen geschaffenen Kahlschlägen. Üppige Blumenwiesen, auf denen Trollblumen und Prachtnelken blühen, lassen ebenfalls auf eine menschliche Nutzung in der Vergangenheit schließen.

Neben dem Nadelwald haben auch die Moore eine große Bedeutung im Oulanka-Nationalpark. Während des Sommers sind die Niederschläge deutlich höher als die Verdunstung. Wo der Grundwasserspiegel bis 50 cm unter die Erdoberfläche steigt, können Bäume nicht mehr wachsen und es bilden sich Moore.

Hochmoore sind aus Torfmoosen aufgebaut, die wie ein Schwamm das 20- bis 30-fache ihres Trockengewichts an Wasser aufnehmen können.

In Flachmooren gedeihen zahlreiche Seggenarten, Teichschachtelhalm, Wollgras, Fieberklee, Sonnentau, Moos-, Rausch-, Krähen- und Multebeeren.

Fauna

In Finnland wurden 60 verschiedene heimische Säugetierarten gezählt. Am häufigsten sind dabei Hase, Fuchs und Eichhörnchen. An großen Raubtieren gibt es Bär, Wolf, Luchs, Vielfraß, Dachs, Fischotter und den eingeführten Marderhund. Hinzu kommen etwa 350 Vogelarten sowie etwa 70 Fischarten. Im Oulanka-Nationalpark leben 30 verschiedene Säugetierarten, 120 Vogelarten und über 7.000 verschiedene Insekten.

Das häufigste Tier, dem Reisenden nach kurzer Zeit vom Anblick am Straßen- oder Wegesrand bekannt, ist das Rentier, welches scheinbar frei umherschweift. Doch der Eindruck täuscht, fast alle Tiere gehören zu einem Zuchtbetrieb. Etwa zwei Drittel der umherlaufenden Tiere sind im Besitz der Samen, für die die Rentiere seit Jahrhunderten die Lebensgrundlage bilden.

Das Rentier ist nahe mit Reh und Rothirsch verwandt und gehört zu den Paarhufern. Es erreicht eine Schulterhöhe von 1,20 m und wird bis zu 2 m lang. Beim Ren tragen sowohl männliche als auch weibliche Tiere ein Geweih, das jedes Jahr neu gebildet wird. Mit ihren breiten Hufen sind die Rentiere in der Lage, sich auf morastigem Boden und im Schnee vorwärtszubewegen. Mit ihren spreizbaren Vorderhufen scharren die Tiere unter dem Schnee nach Nahrung. Im Sommer ernähren sich Rentiere auch von Blättern, Kräutern, Seggen und Pilzen.

Symbol des Nordens ist der Elch. Zu Beginn des 19. Jahrhunderts war er fast ausgestorben, heute hat sich der Bestand wieder erholt. Trotzdem wird man in den meisten Fällen nicht viel mehr als eine Elchlosung zu Gesicht bekommen.

Ihre volle Körpergröße erreichen die Elche ab dem fünften Lebensjahr, vom achten Lebensjahr an tragen die Bullen ihre stärksten Geweihe. Der Europäische Elch wird bis zu 2,80 m lang, 2,20 m hoch und bis zu 530 kg schwer. Im Vergleich zu seinen alaskischen und ostasiatischen Verwandten fällt er somit zierlich aus. Auch die Geweihe sind kleiner; während man in Alaska Elchbullen mit großen Schaufeln mit mehr als 40 Enden antreffen kann, bilden skandinavische Elche nur Stangen- oder kleine Schaufelgeweihe aus. Trotzdem ist auch der Europäische Elch in der Lage, einem Wolf oder einem Bären mit der scharfen Kante seines Vorderhufes den Schädel zu spalten. Auffällig ist die hängende Oberlippe, mit der er Zweige und Blätter umschließt, um sie dann abzureißen.

Aufgrund der intensiven Waldwirtschaft stieg die Elchpopulation in den letzten Jahrzehnten rapide an. Der Wald konnte sich ausdehnen, weil Sümpfe und Moore trockengelegt wurden. Um die gigantischen Maschinen wirtschaftlich nutzen zu können, sind riesige Kahlschläge nötig. In den Folgejahren wachsen auf diesen Flächen stickstoffliebende Kräuter und Gräser, später auch Birken und Weiden. Diese junge Vegetation enthält besonders viel Eiweiß und den Elchen steht so praktisch unbegrenzt Nahrung zur Verfügung.

Die Elchschwemme bereitet dem finnischen Staat große Probleme. Zum einen schädigen die Elche junge Baumbestände und richten, insbesondere bei Fichten, verheerende Verbissschäden an, zum anderen ist der Elch eine Gefahr im Straßenverkehr.

Bis zur Mitte des vergangenen Jahrhunderts wurde der Braunbär ohne Rücksicht gejagt und fast ausgerottet. Ein erheblicher Aufschwung der skandinavischen Bärenpopulation erfolgte durch ihre Verwandten in Russland. Von den Eltern vertrieben wechseln die Jungtiere auf die andere Seite der Grenze.

Eine Bärin wird erst im Alter von drei bis vier Jahren geschlechtsreif und wirft dann in jedem dritten Jahr nach einer Tragzeit von sechs bis neun Wochen zwei bis drei Junge. Die jungen Bären sind blind, rattengroß und wiegen 400 bis 500 g. Sie werden eineinhalb Jahre gesäugt und wachsen schnell heran. Skandinavische Braunbären werden bis zu 2,20 m lang, bis zu 250 kg schwer und etwa 20 Jahre alt.

Der Lebensrhythmus der Bären wird hauptsächlich durch Überwinterung bestimmt. Während des langen Winters von Oktober bis April ruht der Braunbär in einer mit Gras, Moos oder Heu gepolsterten Höhle, die im Fels oder unter Steinplatten liegen kann bzw. in den Boden oder in einen Ameisenhaufen gegraben wurde. Er schläft bei gleichbleibender Körpertemperatur, aber mit reduziertem Stoffwechsel und kann bei Gefahr oder bei mildem Wetter aufwachen. In dieser Zeit zehrt er ausschließlich vom eigenen Fettpolster und verliert pro Tag etwa 200 g Gewicht. Anfang April erwacht er, um gut ein Drittel leichter als im Herbst, aus dem Winterschlaf.

Die Sommermonate nutzt er, um sich wieder ein Fettpolster anzufressen. Sein Speiseplan umfasst in dieser Zeit nahrhafte Wurzeln, Alpenmilchlattich und Erzengelwurz, im Spätsommer ergänzt durch vitaminreiche Beeren. Lediglich im Frühjahr und im Herbst wird das Nahrungsspektrum um tierisches Eiweiß erweitert. Dann erlegen Bären auch größere Säugetiere bis hin zu Rentieren.

Pro Jahr werden in Finnland etwa 350 Rentiere getötet, die aber in den meisten Fällen von einem der etwa 700 in Finnland heimischen Luchse und nicht von einem Bären gerissen wurden. Der Luchs ist ein ausgesprochener Einzelgänger und beansprucht ein großes Revier. Auch er wurde fast ausgerottet, hat aber in den letzten Jahrzehnten sein ursprüngliches Verbreitungsgebiet zurückerobert.

Der Luchs ist hervorragend an seine Umgebung angepasst. Sein dichtes, graubraunes Fell schützt ihn vor der Kälte, seine mit Haaren gepolsterten, breiten Pfoten wirken wie Schneeschuhe und verhindern das Einsinken im Schnee. Vor allem die Vermehrung der Rehe hat die Wiederansiedlung des Luchses gefördert. Er ist ein Pirschjäger und erlegt seine Beute, zumeist kranke Tiere oder weniger wachsame, halbdomestizierte Rentiere, nach einem kurzen Sprint von weniger als 30 m durch einen gezielten Biss in die Kehle.

Von den etwa 120 in Finnland heimischen Wölfen leben die meisten im Südosten, in der Region um Ilomantsi.

Auch für Vogelfreunde hat die Region Kuusamo einiges zu bieten. Das Gebiet um den Savinajoki ist ein wichtiges Brutgebiet des Singschwans, der sich vom bekannteren Höckerschwan durch einen gelben Schnabel und seine etwas geringere Körpergröße unterscheidet. Auf den zahlreichen Seen leben Prachttaucher, Samt- und Trauerente sowie Zwergsäger. In den Mooren kommen u. a. Zwergschnepfen, Sumpfläufer und Odinshühnchen vor. In den feuchten Ristikallio-Wäldern wartet der sehr seltene Blauschwanz auf die Ornithologen.

Umweltsituation heute

In Finnland gibt es noch endlose Wälder, glasklare Seen und scheinbar unberührte Flussläufe.

Doch der erste Blick täuscht. Industrie und Landwirtschaft verschmutzen mit ihren Abwässern die Umwelt, Seen werden überdüngt und Wald durch sauren Regen geschädigt. Besonders im Norden wiegen die Folgen schwer, da die arktischen Ökosysteme extrem anfällig sind. Sie erholen sich nur schwer und sehr langsam.

Wie in anderen Industrieländern auch stehen sich Ökologie und Ökonomie in Finnland fundamental, scheinbar unvereinbar gegenüber. Deutlich macht dies zum Beispiel der Streit um die Nutzung der Wälder in der Gemeinde Kuusamo in den vergangenen Jahren, der vom finnischen Umweltverband Nature League als „Waldschlacht um Kuusamo" tituliert wurde. Wer als Tourist nach Kuusamo kommt, der sucht in erster Linie die ausgedehnten Waldflächen und unberührte Natur. Zwar wurden die ökologisch wertvollen alten Wälder durch die forstwirtschaftliche Nutzung im letzten halben Jahrhundert um die Hälfte dezimiert, doch noch immer ist mehr als die Hälfte der Gemeindefläche von lichten Kiefern und Fichtenwäldern bestanden.

Für die etwa 18.000 im Gemeindegebiet lebenden Menschen ist die strukturschwache Region in erster Linie nicht Erholungs-, sondern Arbeits- und Lebensraum. Rund 25 % der erwerbsfähigen Menschen sind ohne Arbeit, mit etwa 15 % der Beschäftigten ist ein überdurchschnittlich hoher Anteil in der Landwirtschaft tätig. Die schmalen Einkommen aus der Landwirtschaft machen oft eine Kombination mit Forstwirtschaft und Rentierhaltung nötig.

Rasthütte auf dem Valtavaara, 6. Etappe

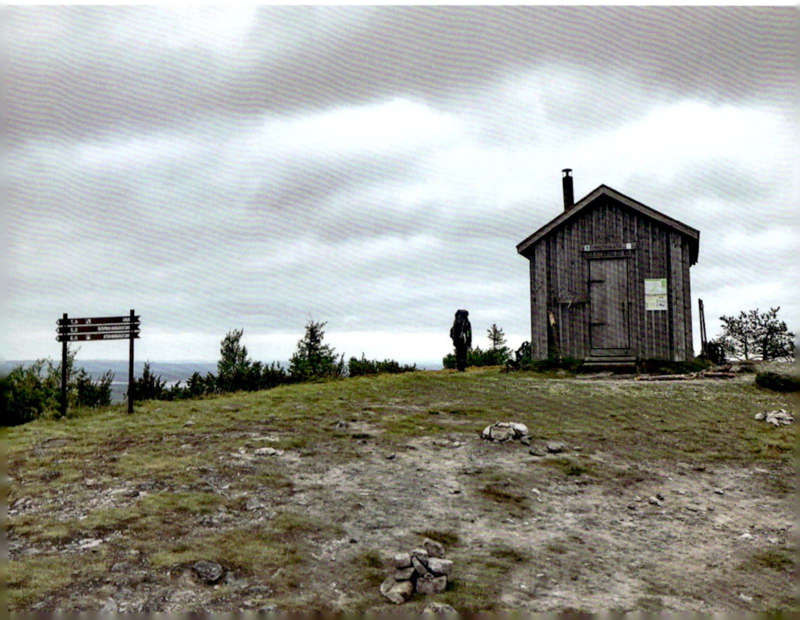

Klima und Böden beschränken den jährlichen Holzzuwachs auf 1,6 m^3/ha, das Holz wird erst nach durchschnittlich 120 Jahren schlagreif. Als vor einigen Jahren die Forstkooperation Kuusamo, ein Zusammenschluss privater Waldbesitzer, den Einschlag in drei Gebieten im südlichen Kuusamo mit einer Gesamtgröße von zusammen 23.500 ha plante, kam es zu spektakulären Auseinandersetzungen zwischen Umweltschützern und Waldbesitzern. Doch durch den Einsatz einer staatlichen Kommission wurde schließlich ein Kompromiss gefunden, mit dem beide Seiten leben können. Über die Hälfte der geplanten Einschlagsfläche wurde unter Schutz gestellt und die Eigentümer erhielten im Gegenzug Ausgleichsflächen als Entschädigung.

Ein solcher Flächentausch ist zwar weder in Finnland noch in Kuusamo etwas grundsätzlich Neues – bereits 1989 wurde ein Teil der zuvor privaten Wälder in Kietkanniemi dem Oulanka-Nationalpark im Austausch gegen Ausgleichsflächen angegliedert –, doch zeigt der Konflikt musterhaft, wie wichtig es für einen wirksamen Umweltschutz ist, sich auf die lokalen Gegebenheiten einzustellen, damit sich die vor Ort lebenden Menschen nicht übergangen fühlen.

Bevölkerung

Die Einwohnerzahl Finnlands beläuft sich auf 5,1 Mio. Einwohner, was einer durchschnittlichen Bevölkerungsdichte von 15 Einwohnern/km^2 entspricht. Die Einwohnerdichte zeigt dabei ein deutliches Süd-Nord-Gefälle. In der Provinz Uusimaa mit der Hauptstadt Helsinki beträgt sie 121,5 Einwohner/km^2, nördliche Landesteile wie Lappland oder Nordkarelien weisen hingegen mit 2 bzw. 8,2 Einwohnern/km^2 die geringsten Einwohnerdichten auf. Bezeichnend ist, dass in Lappland ebenso viele Rentiere wie Menschen leben, gut 200.000.

In Finnisch-Lappland, vor allem in Utsjoki, Inari und Enontekiö, leben etwa 5.700 Menschen, die Samisch als Muttersprache sprechen. Der Ursprung der Samen ist ungewiss, aber die meisten Wissenschaftler sind sich einig, dass die Samen von einem Volk abstammen, das im letzten Jahrtausend vor Christus ins heutige Finnland einwanderte. Kern dieser frühen Gesellschaft war die „siida", eine Gemeinde, die sich aus mehreren Familien zusammensetzte, die in einem bestimmten Gebiet jagten und fischten.

Als die Zahl der wild lebenden Rentiere abnahm, gingen die Samen vor etwa 500 Jahren zur Zucht von halbzahmen Tieren über; die Jäger wurden zu Nomaden. Der den Tieren angeborene Wandertrieb, der nach Expertenmeinung durch Hormone und Jahreszeiten ausgelöst wird, zwang die Samen, den Tieren zu folgen. Heute haben die meisten Samen, zumindest für den Winter, einen festen Wohnsitz; das traditionelle Kota-Zelt wird nur noch für den Zug mit der Herde im Sommer verwendet.

Schlitten wurden durch Geländefahrzeuge und Motorschlitten ersetzt, die Verarbeitung der Rentiere erfolgt in modernen Schlacht- und Tiefkühlhäusern.

Die in Prospekten gerne in den Vordergrund gestellten bunten Trachten werden nur selten getragen und haben vielfältige Bedeutungen, z. B. geben die Anzahl der Bänder, Form und Farbe der Zipfelmütze Auskunft über die Sippenzugehörigkeit, Einkommensverhältnisse und auch das Ziel der Reise.

Die Eigenständigkeit der samischen Kultur wurde seit dem 16. Jh. durch die Ausbreitung des Christentums bedroht. Die Samen wurden von finnischen Siedlern immer weiter nach Norden abgedrängt oder assimiliert. Erst im 20. Jh. erfolgte eine Rückbesinnung auf die eigene Tradition und Kultur. Die ersten samischen Organisationen entstanden um die Jahrhundertwende. Mit der Gründung des Nordisches Rates der Samen im Jahr 1956 erhielten alle Samen in Norwegen, Schweden und Finnland zum ersten Mal in ihrer Geschichte die Möglichkeit, die Öffentlichkeit über ihre Probleme zu informieren und sich gemeinsam für die Verwirklichung ihrer Ziele einzusetzen.

1973 erhielten die Samen in Finnland ein eigenes Parlament, dessen Einfluss allerdings gering ist. Diese Vertretung hat keine gesetzgebende Gewalt und nur beratende Funktion, ist aber ein wichtiges Forum und setzt sich vor allem für die traditionelle Nutzung des Landes ein.

Schwedisch war über Jahrhunderte die Herrschafts- und Verwaltungssprache in Finnland und ist heute die zweite offizielle Landessprache. Etwa 6 % der Bevölkerung wird zu den Finnlandschweden gerechnet. Darunter versteht man eine Gruppe von Finnen, die schwedisch als Muttersprache spricht. Sie leben hauptsächlich im Südwesten und auf den Åland-Inseln, wo eine rein schwedischsprachige Bevölkerung eine weitgehende Autonomie erhalten hat.

Der Besucher wird die Unterschiede in Gebieten mit einer überwiegend schwedischsprachigen Bevölkerung besonders im Kulturleben bemerken. Die erste finnische Zeitung und Finnlands ältestes Theater waren schwedischsprachig. Heute existieren u. a. etwa zwölf schwedische Zeitungen, im Radio und Fernsehen gibt es ein eigenes schwedisches Programm. Politisch werden die Interessen der finnlandschwedischen Bevölkerung durch die „Svenska Folkpartiet" vertreten.

Wichtige Stütze für die Bewahrung des Schwedischen ist die Möglichkeit zur Aus- und Weiterbildung auf Schwedisch. Etwa 1.500 Schüler machen pro Jahr ein schwedischsprachiges Abitur und können im Anschluss z. B. an der einsprachigen schwedischen Universität in Åbo (Turku) oder an der zweisprachigen Universität in Helsingfors (Helsinki) studieren.

Eine weitere Minderheit sind die Roma, die vor allem in Südfinnland leben. Diese etwa 5.500 Menschen umfassende Gruppe der „mustalaiset“ (wörtlich: die Schwarzen) mit eigener Sprache und Kultur lebt wie viele Romagruppen in Europa am Rande der Gesellschaft.

Wirtschaft

Aktuell zählt Finnland zu den wohlhabendsten Ländern der Europäischen Union, für lange Zeit seiner Geschichte war Suomi – so lautet die finnische Eigenbezeichnung – aber eines der ärmsten Länder in Europa. Zwar entstanden in der ersten Hälfte des 19. Jh. die ersten Industriebetriebe, doch war die finnische Wirtschaft bis zum Ende des Zweiten Weltkriegs und noch darüber hinaus stark von der Landwirtschaft geprägt.

In 2018 war der Dienstleistungsbereich der wichtigste Sektor der finnischen Wirtschaft und erwirtschaftete etwa 59 % des Bruttoinlandsprodukts in Höhe von knapp € 234 Mrd. Industrie- und Baugewerbe trugen mit rund 25 % zum Bruttoinlandsprodukt bei, Land- und Forstwirtschaft mit nur knapp 3 %. Wie überall in der Europäischen Union unterliegt auch in Finnland die Landwirtschaft einem tiefgreifenden Strukturwandel. Ende 2019 wirtschafteten landesweit noch rund 47.700 Unternehmen.

Aufgrund des Klimas liegen die ertragreichsten Gebiete im Südwesten bzw. Süden des Landes. Am häufigsten angebaut werden Hafer, Gerste und Weizen; Kartoffeln bringen sogar in nördlichen Regionen gute Erträge. Viehhaltung mit Rindern und Schweinen spielt in Finnland traditionell eine wichtige Rolle, nördlich des Polarkreises ist noch immer die Rentierhaltung von wirtschaftlicher Bedeutung.

Einen stetigen Zuwachs, besonders in strukturschwachen Regionen, verzeichnet der Fremdenverkehr. Die wichtigsten Touristenziele sind das Seengebiet im Osten, die Inselwelt der Schären vor der Westküste, der Großraum Helsinki sowie Lappland. Das Skigebiet rund um Ruka am Ende der Bärenrunde zählt zu den beliebtesten Ferienzielen der Finnen. 2018 kamen gut 6,8 Mio. ausländische Besucher nach Finnland und über die Hälfte (53 %) kamen aus der EU. Aus Asien waren es 16 %. Die höchste Anzahl ausländischer Touristen reiste aus Russland an, die zweitmeisten Urlauber kamen aus Deutschland.

Motor der Industrialisierung nach dem Zweiten Weltkrieg waren die Reparationslieferungen an die Sowjetunion, überwiegend in Form von Maschinen und Schiffen. Da es Finnland gelang, diese Lieferverpflichtungen in Handelsverträge umzuwandeln, sicherte es sich so langfristige Absatzmärkte für den Export.

Bis 1991 machte der Handel mit der Sowjetunion bis zu einem Viertel des finnischen Außenhandels aus und das Land erlebte in der Nachkriegszeit ein stetes, kräftiges Wirtschaftswachstum, das mit dem Zusammenbruch der Sowjetunion ein abruptes Ende fand.

Erschwerend hinzu kam der Preisverfall für Holz und Papier auf dem Weltmarkt, da Holz als wichtigster Rohstoff des Landes traditionell einen großen Teil des Exports ausmacht und Finnland weltweit nach Kanada der zweitgrößte Papier- und Kartonageexporteur ist. Zu Beginn der 1990er-Jahre durchlebte das Land daher die schwerste Wirtschaftskrise nach dem Zweiten Weltkrieg. Das Bruttosozialprodukt sank von 1990 bis 1993 um 13 %, die Arbeitslosigkeit stieg von 3,4 % (1990) auf über 17 % (1995).

Eine gezielte Neuausrichtung der finnischen Wirtschaft sowie ein strikter Sparkurs als Antwort auf die Krise sowie der Beitritt in die Europäischen Union 1995 sorgten in den folgenden Jahren für eine wirtschaftliche Stabilisierung. Durch die starken Exporte der Holz-, Papier-, Chemie-, Metall- und Elektroindustrie profitierte Finnland sehr stark von der Globalisierung, war aber auch in entsprechend hohem Maß von der weltweiten Wirtschaftskrise betroffen und erlebte 2009 mit einem Rückgang des Bruttoinlandsprodukts um 8,3 % die stärkste Rezession nach der Banken- und Wirtschaftskrise zu Beginn der 1990er-Jahre. Inzwischen ist die Wirtschaft wieder auf Konsolidierungskurs. 2018 wuchs das BIP um 2,4 % und die Arbeitslosenquote lag im Juli 2019 bei 6,7 %.

Durch das raue, nordische Klima sowie die energiehungrigen Industrien wie Holzverarbeitung und Metallerzeugung ist der Pro-Kopf-Energieverbrauch in Finnland überdurchschnittlich hoch. Die wichtigsten Energieträger – Rohöl, Uranbrennelemente und Erdgas – müssen importiert werden. Wichtigste einheimische Energiequellen sind Wasserkraft, Holz und Torf (der vor allem für die kombinierte Wärme- und Energiegewinnung eingesetzt wird). Um den Energiehunger zu stillen und gleichzeitig den CO_2-Ausstoß zu verringern, um die Klimaziele einhalten zu können, setzt die finnische Regierung zumindest für den Übergang auf Kernenergie. Derzeit liefern zwei Kernkraftwerke mit insgesamt vier Reaktorblöcken rund 17 % des aktuell benötigten Stroms. Ein fünfter Kernreaktor in Okiluoto, an dem bereits seit 2005 gebaut wird, soll voraussichtlich 2020 in Betrieb gehen. Er ist auf 1.600 Megawatt ausgelegt, um den weiterhin steigenden Energiebedarf zu decken.

Reise-Infos von A bis Z

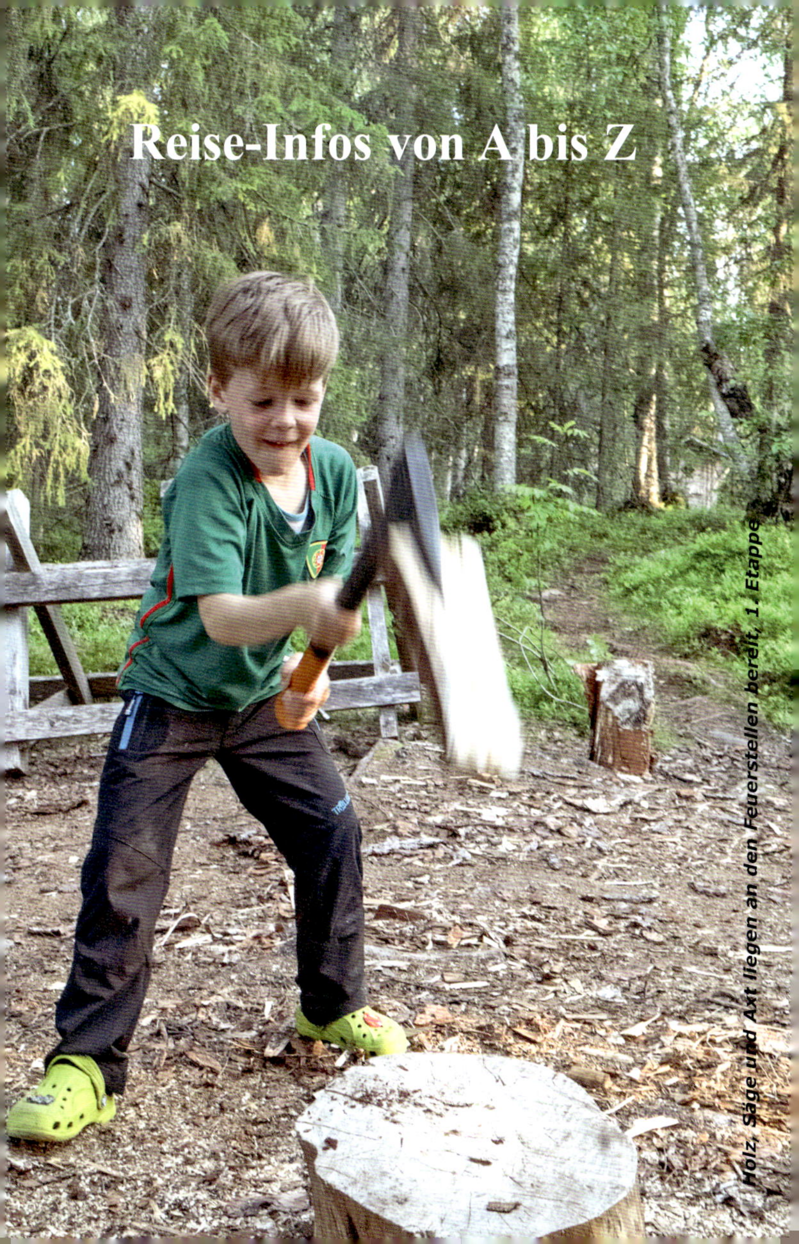

Holz, Säge und Axt liegen an den Feuerstellen bereit, 1. Etappe

Angeln

Im Oulanka-Nationalpark und am Kuusinkijoki gibt es eine wöchentliche Schonzeit von Montag 18:00 bis Dienstag 18:00, während der das Angeln verboten ist.

Die Gewässer in Kuusamo sind bekannt für ihren Fischreichtum an Barschen, Hechten, Forellen, Äschen und Plötzen. Besonders Kitkajoki, Kuusinkijoki und Oulankajoki ziehen mit ihren Forellen und Lachsen, die in den russischen Gewässern groß werden und zum Laichen die finnischen Flüsse hinaufsteigen, die Angler an. Die meisten Fischgründe sind über Wanderpfade zu erreichen. Neben den genannten großen Flüssen bieten auch kleinere Flüsse, wie z. B. Naatikka, Poussu, Kure, Multikoski, Varis und Kuolio reichhaltige Fischgründe.

In den Seen darf das ganze Jahr über geangelt werden, die Flussangelsaison beginnt am 1. Juni und dauert bis zum 31. August.

An den Flüssen ist das Angeln mit Fliege und Köder gestattet. Beim Fischen in Gewässern mit Forellen, Felchen und Äschen ist die Verwendung von einem lebenden Köder verboten. In Seen und Teichen gehört das Angeln mit Wurm zum Jedermannsrecht. In Flüssen und an besonders gekennzeichneten Plätzen ist das Wurmangeln aber verboten.

Zum Angeln in Flüssen und für alle anderen Fangmethoden benötigen Angler im Alter von 18 bis 64 meist zwei Genehmigungen. Erforderlich ist sowohl eine allgemeine als auch mindestens eine regionale Angelerlaubnis. Lassen Sie sich am besten bei den Touristeninformationen in Kuusamo oder Ruka beraten. Hier erhalten Sie auch gleich die benötigten Genehmigungen.

Angeln von Harald Barth und Ronald Metzger, Conrad Stein Verlag, Basiswissen für draußen, Band 21, ISBN 978-3-86686-021-6, € 9,90

Anreise

Wenn Sie mit dem Zug anreisen, fahren Sie via Kopenhagen und setzen mit dem Schiff nach Malmö über. Von dort geht es mit dem Zug nach Stockholm, dann per Fähre nach Turku und weiter mit der Bahn nach Oulu. Das letzte Stück von Oulu nach Kuusamo müssen Sie mit dem Bus zurücklegen (s. u.).

Eine entspannte Anreise bietet der Nachtzug von Helsinki nach Oulu. Von dort gelangen Sie mit dem Bus zum Ausgangspunkt nach Hautajärvi.

www.bahn.de und www.vr.fi

www.snalltaget.se

Aus zahlreichen deutschen Städten fahren Busse nach Stockholm. Dort steigen Sie auf die Fähre um und fahren anschließend mit einem Linienbus weiter nach Oulu. Ein Durchgangsticket ist leider nicht erhältlich.

Informationen unter:

www.eurolines.de und www.flixbus.de

Wenn Sie mit dem Bus oder der Bahn anreisen, können Sie mit einem öffentlichen Linienbus von Oulu nach Kuusamo fahren. Der Busbahnhof liegt direkt hinter dem Bahnhof. Der Bus nach Kuusamo fährt vom Bussteig 4 ab. Die einfache Fahrt kostet ca. € 30 und dauert etwa 3 Stunden.

Die Busse verkehren etwa 6-7x täglich (4 bis 5x am Wochenende). Aktuelle Fahrpläne unter:

www.matkahuolto.fi

Über die Fährverbindungen nach Finnland ließe sich ein dicker Wälzer verfassen. Ein wahrer Preisdschungel erschwert den Durchblick. Mal gilt der angegebene Preis pro Person, ein anderes Mal für einen Pkw mit fünf Personen. Es gibt auch unterschiedliche Fahrpreise je nach Saisonzeit und bei Nachtfahrten sollten Sie bedenken, dass Sie eine Kabinenpassage buchen müssen.

Und als wäre das alles noch nicht kompliziert genug, hat jede Fährgesellschaft ihre eigenen Längen- und Höhenbegrenzungen für Fahrzeuge. Wenn Sie Ihr eigenes Kanu oder Kajak mitbringen, kann das leicht zum Problem werden, denn die Höhenbegrenzung von 1,80 m bei der Silja Line von Schweden nach Finnland ist schnell überschritten. Hier hilft nur ein sorgfältiger Preisvergleich.

☺ Bei einigen Fährgesellschaften erhalten Rentner, Schüler und Studenten eine Ermäßigung; Nachfragen lohnt sich!

Grundsätzlich gibt es bei der Anreise mit dem Auto drei Möglichkeiten – abgesehen von der eher außergewöhnlichen Anreise auf dem Landweg via Baltikum und Russland –, nach Finnland zu reisen.

Schnell und komfortabel ist die einzige Direktfähre von Travemünde in Deutschland nach Helsinki in Finnland, die allerdings auch ihren Preis hat. Gemütlicher und günstiger ist einer der vielen Durchgangstarife, bei denen Sie von Deutschland über Schweden oder von Deutschland über Dänemark und Schweden nach Finnland reisen.

Diese Variante bietet sich besonders dann an, wenn Sie etwas Zeit mitbringen und Ihre Anreise mit einer Stippvisite in Stockholm verbinden oder sich noch Südschweden anschauen wollen.

Alternativ können Sie durch die Kombination der beiden mautpflichtigen Brücken zuerst über den Großen Belt (💻 www.storebaelt.dk) zwischen den dänischen Inseln Seeland und Fünen und dann der Öresundbrücke (💻 www.oeresundsbron.com) zwischen Kopenhagen und Malmö sowie der anschließend Fahrt um die Ostsee durch Schweden auch ganz ohne Fährüberfahrt nach Kuusamo gelangen.

Dann wird allerdings sprichwörtlich der Weg zum Ziel (einfache Strecke Hamburg – Kuusamo über 2.400 km)!

- Finnlines, ☏ +49/451/150 74 43, 💻 www.finnlines.com
- Tallink Silja GmbH, ☏ +49/40/547 54 12 22, 💻 www.tallinksilja.de
- Stena Line, Buchungshotline ☏ 01 80/602 01 00 (20 ct/Anruf aus dem deutschen Festnetz), 💻 www.stenaline.de
- tt-Line GmbH & Co., Buchungshotline ☏ 01 80/666 66 00 (20 ct/Anruf aus dem Festnetz), 💻 www.ttline.com
- Viking Line, ☏ +49/451/38 46 30, 💻 www.vikingline.de

Eine extravagante Möglichkeit ist der Landweg über Polen, das Baltikum, St. Petersburg und die karelische Landenge. Bei dieser Anreise sind Visa erforderlich und die Entfernungen sind riesig: Von Berlin über Warschau, St. Petersburg nach Helsinki sind es knapp 3.000 Straßenkilometer.

Um von Helsinki oder Turku nach Kuusamo zu gelangen, gibt es drei Routen. Von Turku empfiehlt sich die Küstenroute entlang des Bottnischen Meerbusens über Pori, Vaasa und Oulu (ca. 860 km).

Von Helsinki können Sie entlang der Ostgrenze, zuerst an der Küste und dann durch das Saimaa-Seengebiet über Laapeenranta, Savonlinna und Kuhmo (ca. 815 km) oder durch das Landesinnere und typische Seen Finnlands über Jyväskylä, Kuopio und Kajaani (ca. 835 km), nach Kuusamo fahren.

Finnair fliegt von Hamburg, Düsseldorf, Berlin, Frankfurt, München, Stuttgart, Wien, Zürich und Genf in etwa drei bis vier Stunden nach Helsinki. Der Anschlussflug nach Kuusamo dauert ca. 75 Minuten.

www.finnair.com

- Infotelefon:

Ⓓ ☏ +49/696/640 50 33

ⒸⒽ ☏ +41/84/800 02 94

Ⓐ ☏ +43/810/81 02 90

Natürlich steuern auch einige Billigflieger Finnland an:

- ab Berlin nach Helsinki (www.easyjet.com)
- ab Hamburg, Berlin und München nach Helsinki (www.norwegian.com)
- von mehreren deutschen Flughäfen sowie Genf, Zürich und Wien nach Helsinki (www.airbaltic.com)

Weiterreise von Kuusamo zur Bärenrunde

An Schultagen verkehrt einmal täglich am Nachmittag der „Karhunkierros-Bus" von Kuusamo via Ruka, Juuma, Käylä, Ristikallio und Hautajärvi. Zusätzlich fährt auch der Flughafenbus (Abfahrt in der Regel 15 Minuten nach der Landung des Flugzeuges) über Ruka, Käylä und Ristikallio nach Hautajärvi. Der Fahrpreis für die Strecke Kuusamo – Hautajärvi beträgt ca. € 16/Kinder € 8.

Im Sommer fährt an Wochentagen zudem am Morgen ein Bus vom Infozentrum/Campingplatz des Nationalparks über Juuma und Ruka nach Kuusamo. Der Bus in die Gegenrichtung verkehrt am Nachmittag (Ticket ca. € 10/Kinder € 5).

Aktuelle Informationen und detaillierte Fahrpläne zu den Bussen finden Sie unter www.matkahuolto.fi und www.ruka.fi/en/getting-around.

Wer unabhängig von Fahrplänen sein möchte, muss auf ein Taxi zurückgreifen:

- Rukan taksi, ☏ +358/8/868 12 22, www.rukataksi.fi
- OTaxi Kuusamo-Ruka, ☏ +358/100/842 00, www.otaxi.fi/kuusamo

☺ Auf Wunsch versucht die Taxizentrale auch mehrere unabhängig voneinander Reisende in einem Sammeltaxi (kimppataksi) unterzubringen. Kosten für die Fahrt von Kuusamo nach Hautajärvi ca. € 110 für bis zu 4 Personen.

Abreise am Ende der Tour

Vom Endpunkt der Wanderung in Ruka nehmen Sie den Bus zurück nach Kuusamo und können von dort dann wie unter Anreise vorgestellt wieder abreisen.

Wenn Sie mit dem eigenen Auto anreisen wollen, empfiehlt es sich, das Auto auf dem Parkplatz in Ruka stehen zu lassen und mit dem Bus nach Ristikallio oder Hautajärvi zu fahren. Am Ende der Wanderung brauchen Sie dann nicht auf einen der nur selten verkehrenden Busse zu warten.

Ärztliche Hilfe

EU sei Dank: Gegen Vorlage der Europäischen Krankenversicherungskarte (European Health Insurance Card – EHIC), die Sie in der Regel auf der Rückseite Ihrer nationalen Krankenversicherungskarte finden, haben Sie im Fall einer Erkrankung auch in Finnland Anspruch auf die Behandlung bei Ärzten, Zahnärzten sowie in Krankenhäusern des öffentlichen Gesundheitssystems. Weitere Auskünfte erhalten Sie bei Ihrer Krankenversicherung.

☺ Da ein eventuell erforderlich werdender Rücktransport und nicht alle Krankheitskosten durch die gesetzliche Krankenversicherung abgedeckt werden, ist für die Dauer des Finnland-Urlaubs der Abschluss einer privaten Auslandsreise-Kranken- und Rückholversicherung dennoch ratsam.

♦ Notrufnummer 112

„Apotheke" heißt auf Finnisch apteekki.

Ausrüstung

Wie bei jeder Trekkingtour sollten Sie beim Zusammenstellen der Ausrüstung auf das Gewicht achten, damit der Rucksack nicht zu schwer wird. Als Grundausstattung reichen Kocher, 3-Jahreszeiten-Schlafsack, eine komfortable Isomatte und ein Zelt. Natürlich ist es sinnvoll, Regenjacke und Hose dabeizuhaben, im Sommer ist außerdem ein Mückennetz sehr zu empfehlen. Da die Hütten nur wenige Fenster aufweisen, empfiehlt es sich, besonders im Herbst, wenn die Tage wieder kürzer werden, eine Taschenlampe und ausreichend Kerzen einzupacken. Zwar führt die Bärenrunde teilweise durch Moor- und Sumpfgebiet, aber an allen

Stellen, an denen es zu nass wird, sind Bohlenstege gebaut worden, sodass normale Wanderstiefel völlig ausreichen.

☝ Toilettenpapier nicht vergessen, denn auf den Plumpsklos an den Hütten ist keines vorhanden!

Um dem Besucherandrang und dem damit verbundenen hohen Müllaufkommen Herr zu werden, hat die Nationalparkverwaltung ein Entsorgungskonzept ausgearbeitet. Es sieht vor, dass der Restmüll zur nächsten Recycling-Station (ecopiste) mitgeführt wird, und Sie sollten daher ausreichend Mülltüten mitführen. Im Nationalpark gibt es drei solcher Entsorgungsstellen, die am Nationalpark-Campingplatz und -Infozentrum (Endpunkt der 2. Etappe) sowie am Rastplatz am Ufer des Kitkajoki (4. Etappe) und bei Juuma (5. Etappe) zu finden sind. Organische Reste können in den Plumpsklos entsorgt werden.

☺ Bei einer Wintertour auf der Bärenrunde stellt das harsche Klima mit seinen niedrigen Temperaturen und großen Schneemengen hohe Anforderungen an die Ausrüstung (☞ Die Bärenrunde im Winter).

Diplomatische Vertretungen

In Finnland

Ⓓ Deutsche Botschaft, Krogiuksentie 4b, 00340 Helsinki, ☏ +358/9/45 85 80, 💻 www.helsinki.diplo.de

Ⓐ Österreichische Botschaft, Unioninkatu 22, 00130 Helsinki, ☏ +358/9/681 86 00, 💻 www.bmeia.gv.at/oeb-helsinki

(CH) Schweizerische Botschaft, Kalliolinnantie 16 A 2 a, 00140 Helsinki, ☏ +358/9/622 95 00, FAX +358/9/62 29 50 50, 💻 www.eda.admin.ch/helsinki

Finnische Vertretungen

Ⓓ Botschaft der Republik Finnland, Rauchstr. 1, 10787 Berlin, ☏ +49/30/50 50 30, FAX +49/30/50 50 33 33, 💻 www.finlandabroad.fi/deutschland

Ⓐ Botschaft der Republik Finnland, Gonzagasse 16, 1010 Wien, ☏ +43/1/53 15 90, FAX +43/1/535 57 03, 💻 finlandabroad.fi/austria

(CH) Botschaft der Republik Finnland, Weltpoststr. 4, 3000 Bern 15, ☏ +41/31/350 41 00, FAX +41/31/350 41 07, 💻 www.finlandabroad.fi/schweiz

Einkaufen

Supermärkte gibt es nur in Kuusamo (hier finden Sie außerdem mehrere Outdoor-Ausrüster) und in Ruka. Die Öffnungszeiten sind grundsätzlich großzügiger bemessen als in Deutschland und selbst am Sonntag ist der Einkauf kein Problem.

Lebensmittel sind in Finnland etwas teurer als in Deutschland. Grund zur Panik besteht aber nicht, denn der Preisunterschied bewegt sich auf einem Niveau, als würde man zu Hause statt im Discounter im Supermarkt einkaufen.

Unterwegs sind die Einkaufsmöglichkeiten begrenzt und Sie müssen sich vor dem Loslaufen mit ausreichend Lebensmitteln eindecken (mindestens für zwei bis drei Tage). Entlang der Strecken können Sie den Proviant nur am Campingplatz des Nationalparks sowie im Informationszentrum Oulanka und im Retki-Etappi in Juuma aufstocken und das überschaubare Angebot beschränkt sich auf „Basics" wie z. B. Knäckebrot, Nudeln, Tütensuppen, Grillwürstchen und Schokoriegel.

☺ Wenn Sie mit dem Flugzeug anreisen und vor dem Start noch Brennstoff kaufen müssen, können Sie im Infozentrum in Hautajärvi Schraubgaskartuschen kaufen. In der Hochsaison ist die Nachfrage allerdings so hoch, dass es sich empfiehlt, den Brennstoff vor Reiseantritt telefonisch oder per Mail vorzubestellen.

Essen und Trinken

Die Einkehrmöglichkeiten entlang der Bärenrunde lassen sich an einer Hand abzählen. Es sind das Bistro Ravintola Talonpöytä im Infozentrum des Nationalparks sowie die Cafeteria Retki-Etappi und das Restaurant des Hotels Basecamp in Juuma. Ein umfangreiches gastronomisches Angebot erwartet Sie erst am Ende der Wanderung in Ruka.

Die Trinkwasserversorgung stellt dagegen überhaupt kein Problem dar, denn der nächste Fluss oder See mit klarem Wasser ist nie weit. Selbst habe ich das Wasser bislang stets direkt und unbehandelt verwendet und hatte dabei nie gesundheitliche Probleme. Wer ganz sichergehen möchte, kann das Wasser vor dem Trinken natürlich filtern oder abkochen, wie es die Nationalparkverwaltung empfiehlt.

Geld

Seit dem 1.1.2002 ist der Euro auch in Finnland die offizielle Währung. Da in Finnland keine 1- und 2-Eurocent-Münzen mehr geprägt werden, werden die Preise auf die nächsten 5 Cent auf- oder abgerundet. Geldautomaten zum Bargeldabheben mit Girocard, V-Pay-Karte oder Kreditkarte finden Sie nur in Kuusamo und am Endpunkt der Bärenrunde in Ruka. Gängige Kreditkarten (z. B. American Express, Diners Club, Mastercard und Visa) sind weitverbreitet und werden nahezu in allen Hotels, Autovermietungen, Supermärkten, Restaurants und Tankstellen akzeptiert.

Banken sind von Montag bis Freitag 9:00-16:30 geöffnet.

GPS

Die Bärenrunde ist vorbildlich markiert und eine vernünftige Landkarte gehört ohnehin ins Gepäck. Ein GPS-Empfänger ist daher zwar nicht zwingend erforderlich, aber äußerst hilfreich und es macht einfach Spaß, auf Knopfdruck den aktuellen Standpunkt im Gelände bis auf wenige 10er-Meter genau zu ermitteln. Moderne Empfänger bieten oft sogar eine Kartendarstellung und glücklicherweise sind die Kinderkrankheiten älterer Geräte ausgemerzt.

Vor allem der Stromverbrauch wurde deutlich reduziert, sodass man auch auf langen Wanderungen mit nur wenigen Batterien auskommt und das Gerät während der gesamten Wanderung laufen lassen kann. So kann man am Ende detaillierte Statistiken, z. B. zur zurückgelegten Wegstrecke, einsehen.

Die GPS-Tracks zu den beschriebenen Etappen können Sie auf der Internetseite des Verlags (www.conrad-stein-verlag.de) herunterladen.

GPS *Grundlagen · Tourenplanung · Navigation* von Michael Hennemann, Conrad Stein Verlag, Basiswissen für draußen, ISBN 978-3-86686-495-5, € 9,90

Information

Die Website der Finnischen Zentrale für Tourismus bietet vielfältige Hintergrundinformationen und aktuelle Reiseinformationen unter:

www.visitfinland.com.

Das moderne Informationszentrum „Karhuntassu" in Kuusamo an der Kreuzung der Hauptstraßen nach Oulu und Kajaani/Rovaniemi ist kaum zu übersehen. Neben Broschüren, Karten und Infos zu Veranstaltungen erhalten Sie hier auch Angelgenehmigungen. Außerdem können Reservierungen für Hotels vorgenommen und geführte Touren auf der Bärenrunde, Rafting-Trips und diverse andere Angebote gebucht werden. Neben einer Cafeteria gibt es auch zahlreiche Geschäfte, die Souvenirs und Handwerksarbeiten aus der Region zum Kauf anbieten.

♦ Fremdenverkehrsbüro Kuusamo, Torangintaival 2, 93600 Kuusamo,
☏ +358/20/639 68 04, 🖳 www.nationalparks.fi/kuusamocustomerservice

Die Deutsch-Finnische Gesellschaft möchte die Beziehungen zwischen Deutschen und Finnen durch Kulturveranstaltungen sowie Jugend- und Bildungsarbeit fördern. Insgesamt gibt es 15 Landesverbände und 71 Bezirksgruppen mit über 10.000 Mitgliedern.

♦ Deutsch-Finnische Gesellschaft e. V., Scherlstraße 11-13, 04103 Leipzig,
☏ +49/341/99 99 74 50, 🖳 www.deutsch-finnische-gesellschaft.de

Jedermannsrecht

Das Jedermannsrecht ist ein allgemein respektiertes Gewohnheitsrecht, das dem Einzelnen in den nordischen Ländern viel Freiheit für den Aufenthalt in bzw. für den Umgang mit der Natur einräumt.

Es ist aber nirgendwo niedergeschrieben und darf auf keinen Fall als Freibrief verstanden werden.

☺ Die meisten Verbote verstehen sich von selbst, wenn ein klein wenig nachgedacht und Rücksicht genommen wird. Wenn Sie mithelfen möchten, die Natur Nordeuropas auch für die Zukunft als Outdoor-Paradies zu erhalten, sollten Sie sich den Regeln gemäß verhalten.

✋ Für den Oulanka-Nationalpark gelten besondere Verhaltensregeln: Zelten ist nur an den markierten Stellen mit dem Schild „Telttailualue", Lagerfeuer nur an den Stellen mit dem Schild „Tulentekopaikka" gestattet.

Das finnische Jedermannsrecht gestattet

▷ ..., sich frei zu Fuß, auf Skiern, per Rad und Boot in der Natur zu bewegen, jedoch nicht auf Höfen, Feldern, Wiesen oder Anpflanzungen, die dadurch Schaden nehmen können.

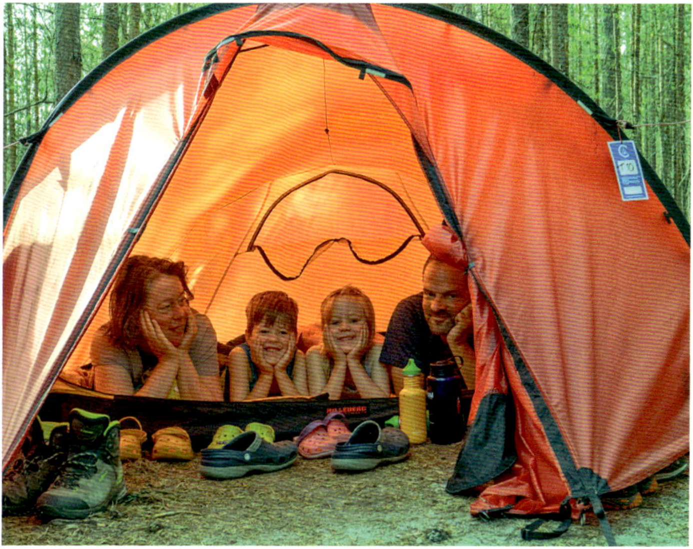

Am Ende der 2. Etappe wartet ein komfortabler Campingplatz, ansonsten ist das Zelten im Oulanka-Nationalpark nur an den ausgewiesenen Stellen erlaubt

- ... den vorübergehenden Aufenthalt, z. B. im Zelt, in ausreichender Entfernung von Häusern.
- ... das Sammeln wildwachsender Beeren, Pilze und Blumen.
- ... das Befahren, Schwimmen, Waschen in Gewässern und das Begehen von Eis.

Verboten sind

- ... das Stören von Vögeln, Nestern und Rentieren.
- ... das Fällen und Beschädigen wachsender Bäume sowie das Sammeln umgefallener Bäume oder von Moos auf Privatgelände.
- ... das Feuermachen auf Privatgelände ohne zwingenden Grund.
- ... die Verunreinigung der Umwelt (auch verlorene Angelhaken können zu qualvollen und tödlichen Verletzungen bei Wildtieren führen!).
- ... das Befahren von Privatgelände mit Kraftfahrzeugen.
- ... das Angeln oder Jagen ohne Genehmigung.

Literatur & Karten

Bücher

- Das kuriose Finnland-Buch: Was Reiseführer verschweigen, Bernd Giesemking. Hosentaschentauglicher Reisebegleiter mit umfangreichem, humorvoll aufbereitetem Hintergrundwissen zum Reiseland Finnland.
- Fettnäpfchenführer Finnland: Wenn der Fisch nicht beißt, spart man den Wurm, Gudrun Söffker. Kurzweiliger „Landesknigge" über die finnischen Besonderheiten in Form eines unterhaltsamen Reiseromans.
- Hiking in Finland, Jouni Laaksonen. Dieser englischsprachige Wanderführer deckt alles ab, was man zum Wandern in Finnland wissen muss, und stellt detailliert die schönsten Wanderungen von Tagestouren bis zu mehrtägigen Trekkingtrips im ganzen Land vor.
- Crossbill Guide Finnish Lapland, Dirk Hilbers. Englischsprachiger Naturreiseführer mit umfangreichen Informationen über Fauna und Flora sowie das einzigartige Ökosystem Finnisch-Lapplands inklusive der Kuusamo-Region

Karten

Empfehlenswert für eine Wanderung auf der Bärenrunde ist die auf wasserfestem Papier gedruckte Wanderkarte „Ruka – Oulanka – Karhunkierros" aus dem Kartenverlag Karttakeskus im Maßstab 1:50.000/1:25.000. Alternativ kommt auch die Karte „Karhunkierros" im Maßstab 1:25.000 aus dem Calazo-Verlag (auf dem reiß- und wetterfestem Material TYVEK gedruckt) in Frage.

Für die Planung der Kanutouren empfiehlt sich die Karte „Kuusamo" im Maßstab 1:100.000.

Sie erhalten die Karten problemlos in gut sortierten geografischen Buchhandlungen in Deutschland, der Schweiz und Österreich sowie vor Ort im Fremdenverkehrszentrum in Kuusamo.

- Geo-Buchhandlung Kiel, ☏ +49/431/910 02, 💻 www.geobuchhandlung.de

☺ Gut geeignet für die Planung am heimischen Computerbildschirm ist die kostenlose Onlinekarte 💻 www.retkikartta.fi.

☺ Die Kartenempfehlungen wurden von der Geobuchhandlung Kiel überprüft. 💻 www.geobuchhandlung.de

Markierungen

Der Streckenverlauf der Bärenrunde ist vorbildlich markiert und ein Verlaufen nahezu ausgeschlossen. Neben orangefarbenen Markierungen, die in kurzen Abständen auf Bäume am Wegesrand gepinselt sind, gibt es zudem jeden Kilometer ein großes, angerostetes Metallschild, welches neben den Koordinaten des jeweiligen Standortes die Entfernung zu den beiden Endpunkten Hautajärvi im Norden und Ruka im Süden anzeigt.

Mitternachtssonne

Im Hochsommer geht in Nordfinnland die Sonne nicht unter und scheint vom 13. Juni bis zum 1. Juli, da die Erdachse dann um 23,5° auf der Umlaufbahn geneigt ist, rund um die Uhr. Je nördlicher ein Ort liegt, desto länger dauern diese Polartage.

Am Nordpol geht die Sonne für ein halbes Jahr nicht unter, bis sich am 22. Dezember die Verhältnisse umkehren. Nun ist die Südhalbkugel der Sonne zugeneigt und auf der Polkappe der Nordhalbkugel herrscht Polarnacht, in Finnland *kaamos* genannt. Im Vergleich zu Mitteleuropa sind die Tage in Finnland zu Weihnachten deutlich kürzer.

Mücken

Die Mückensaison beginnt um Mittsommer (21. Juni) und endet Anfang bis Mitte August. Das Mückenaufkommen ist abhängig von der Schneemenge im Winter, der Feuchtigkeit des Frühjahrs und der Hitze des Sommers.

Ein kleiner Trost: Nur die Weibchen stechen, um die Aufzucht der Jungen zu sichern. Es hilft Ihnen wahrscheinlich nicht viel, wenn es überall juckt und summt, aber immerhin sorgen diese Mückenlarven für eine Durchmischung des Wassers und somit für Ihr sauberes Trinkwasser. Eine einzige Mückenlarve filtert bis zu 1 Liter Wasser pro Tag.

Hinweise zu (in)effektiven Schutzmaßnahmen gibt es viele. Einige empfehlen helle Kleidung, andere schwören auf Knoblauch. Furchtlose greifen zu den Mitteln der chemischen Industrie (bezeichnenderweise heißt die finnische Variante „Off!") und manche versuchen, den Blutsaugern mit elektronischen Summern den Garaus zu machen. Das wahre Gegenmittel existiert nicht. Was meiner Erfahrung nach die Plage in Grenzen hält, ist ein trockener, windiger Platz, ein dichtes Innenzelt und in ganz schlimmen Fällen ein Moskitonetz für den Kopf.

Outdoor-Aktivitäten

Kuusamo ist nicht nur die ideale Umgebung für ausgedehnte Paddel- und Wandertouren, sondern auch für viele weitere Aktivitäten. Zahlreiche Spezialreiseveranstalter bieten die Möglichkeit, eine neue Sportart unter der Leitung eines erfahrenen Führers kennenzulernen.

Im Sommer können Sie die Stromschnellen des Kitkajoki im Rafting-Boot erleben, Kuusamo per Rad oder Pferd entdecken oder sich die Gegend beim Parasailing aus der Luft anschauen. Obwohl man es bei den geringen Höhenunterschieden nicht erwarten würde, sind selbst Klettertouren möglich.

Besonders der Winter bietet eine Vielzahl an Aktivitäten. 400 km präparierte Loipen unterschiedlicher Schwierigkeitsgrade stehen dem Skilangläufer zur Verfügung. Auch geführte Touren und Kurse werden angeboten. Neben dem Langlauf bietet das Wintersportzentrum Ruka die Möglichkeit zu allen alpinen Disziplinen vom Abfahrtslauf bis zum Snowboarding. Außerdem werden Schneemobilfahrten angeboten, wobei das Spektrum von geführten Safaris bis hin zu selbstständigen Touren auf markierten Trails reicht. Wenn Ihnen das knatternde Schneemobil zu laut ist, können Sie auch an einer Schlittenhundetour oder einer Schneeschuhwanderung teilnehmen oder sich im Eislochangeln versuchen. Eine besondere Herausforderung bietet sicher das Eisklettern an der Eiswand von Ruka oder in der Schlucht von Korouma.

- ♦ Rukapalvelu Oy, Rukankyläntie 13, 93825 Rukatunturi, ☏ +358/102/71 05 00, 💻 www.rukapalvelu.fi
- ♦ Kuusamon Erä-Safari Oy, Kitkantie 71, 93600 Kuusamo, ☏ +358/400/32 66 90, 💻 www.kuusamosafaris.fi
- ♦ Ruka Adventures, Rukanriutta 7, 93825 Rukatunturi, ☏ +358/8/852 20 07, 💻 www.rukaadventures.fi
- ♦ Basecamp Oulanka, Myllykoskentie 30, 93999 Kuusamo, ☏ +358/400/50 97 41, 💻 www.basecampoulanka.fi
- ♦ Eine vollständige Übersicht aller Anbieter finden Sie im Internet unter 💻 www.ruka.fi/en/tour-operators.

Reisedokumente

Für Besucher aus EU-Ländern, Island und Norwegen sowie Liechtenstein, San Marino und der Schweiz reicht ein gültiger Personalausweis. Seit Inkrafttreten des Schengener Abkommens entfällt zwar seit 2001 die Passkontrolle bei der Einreise, dennoch ist jeder Reisende verpflichtet, ein gültiges Ausweisdokument mitzuführen.

Reisen in Finnland

Das Inlandsflugnetz in Finnland ist eines der dichtesten der Welt. Sternförmig werden von Helsinki aus 22 Flughäfen regelmäßig, zum Teil mehrmals täglich, angeflogen.

„Das finnische Bahnnetz ist rund 6.000 km lang und verbindet alle wichtigen Städte des Landes", soweit die Broschüre der Finnischen Zentrale für Tourismus. Kuusamo gehört offensichtlich nicht zu den wichtigen Städten des Landes, denn eine Bahnanbindung gibt es nicht.

☺ Die einfache Fahrt von Helsinki nach Oulu kostet ab ca. € 55. Wenn Sie nicht nur für eine Wanderung auf der Bärenrunde nach Finnland gekommen sind, bietet der Interrail Finnland Pass eine günstige Möglichkeit, Finnland mit der Bahn zu entdecken. Er berechtigt zu unbegrenztem Zugfahren, ist für drei, vier, sechs oder acht Tage innerhalb eines Monats gültig und kostet je nach Zeitraum € 131, € 175, € 237 in der zweiten Klasse.

♦ VR Kundenservice, ☏ +358/600/419 00 (innerhalb Finnlands), ☏ +358/923/19 29 02 (aus dem Ausland), www.vr.fi

Aufgrund des begrenzten Schienennetzes ist es verständlich, dass dem Busverkehr in Finnland eine besondere Bedeutung zukommt; dementsprechend hervorragend ausgebaut ist das Netz. Abgestimmt auf die Fahrpläne von Zug, Flugzeug und Schiff bringen moderne, komfortable Busse Sie an fast jeden Ort in Finnland, und das zu moderaten Preisen.

Fahrplanauskünfte: ☏ +358/200/40 00 (tgl. 8:00-19:00)

☺ Ab 80 km Fahrstrecke gibt es eine Rückfahrtsermäßigung von € 10.

♦ Oy Matkahuolta, Lauttasaarentie 8, 00201 Helsinki, ☏ +358/9/68 27 01, www.matkahuolto.fi

Reisezeit

Am schönsten zum Wandern ist zweifellos der Herbst, *ruska* auf Finnisch. Wenn ab Ende August die Tage kürzer werden, bereiten sich die Pflanzen auf den Winter vor. Das Chlorophyll wird abgebaut und zusammen mit Proteinen und Mineralstoffen im Holz und in den Wurzeln eingelagert. Die Blätter der Laubbäume liefern dann ein prächtiges Farbenspiel. Das Spektrum reicht vom Grün der Sträucher über das leuchtende Gelb der Birken bis zu den Rottönen von Ebereschen und Zwergbirken in den Mooren. Ein weiterer Vorteil des Herbstes ist die spürbare Abnahme der Mückenplage. Allerdings werden die Nächte schon sehr kalt, bereits im September müssen Sie mit Nachtfrösten rechnen. Ab Oktober fällt der erste Schnee.

Die wärmsten und trockensten Monate sind Juni, Juli und August. Es werden Temperaturen von bis zu 20° C erreicht, die Sonne verschwindet nur für kurze Zeit oder überhaupt nicht hinter dem Horizont. Allerdings ist der Störfaktor Mücke zu dieser Zeit auch am häufigsten.

Der Winter ist mit nahezu sechs Monaten die längste Jahreszeit. Temperaturen von -20° C bis -30° C sind keine Seltenheit. Durch die Trockenheit der Luft sind diese Extremtemperaturen aber viel leichter zu ertragen, als sich zunächst vermuten lässt. Für Wintertouren besonders geeignet sind März und April, da die Tage dann deutlich länger werden. Allerdings sind diese mit bis zu 75 cm auch die schneereichsten Monate.

Obwohl jede Jahreszeit ihren besonderen Reiz hat, ist der kurze Frühling von Mai bis Juni sicher die ungeeignetste Wanderzeit. Die Schneeschmelze verwandelt die Landschaft in einen matschigen Sumpf, nicht umsonst heißt der Oulankajoki „der über das Ufer Tretende".

Sauna

Wenn von Finnland gesprochen wird, fällt als erstes der Beiname „Land der tausend Seen", und fast im selben Atemzug wird mit hoher Wahrscheinlichkeit die „Sauna" genannt – wohl das einzige finnische Wort, das international auf Anhieb verstanden wird. Laut Statistik gibt es in Finnland 1,4 Mio. Saunen, d. h., auf dreieinhalb Finnen kommt eine Sauna.

Die Urform der Sauna, die Rauchsauna, ist heute weitgehend von der Ofensauna abgelöst worden. In früheren Zeiten war die Sauna nicht nur ein Platz zum Waschen, sondern auch der Ort, an dem die Kinder geboren wurden und an dem man sich um die Kranken kümmerte. Ein altes finnisches Sprichwort lautet: „Wenn Schnaps, Teer und Sauna nicht helfen, ist die Krankheit tödlich."

Deutsche Saunagänger werden schnell die Unterschiede zur finnischen Sauna feststellen. Nur Mitglieder derselben Familie oder allenfalls sehr gute Freunde gehen gemeinsam in die Sauna, ansonsten herrscht strikte Geschlechtertrennung.

Die Temperaturen sind nur mäßig bei hoher Luftfeuchtigkeit; nur kurze Zeit vergeht, bis die nächste Kelle Wasser zischend auf dem Ofen verdampft. Aufgüsse „löylyt" mit ätherischen Ölen sind in Finnland unbekannt.

Während in Deutschland wahre Glaubenskriege um den richtigen Saunagang gefochten und dicke Bücher mit Saunaregeln verfasst werden, ist in Finnland erlaubt, was Spaß macht. Das Bier zwischen den Saunagängen gehört genauso dazu wie das Schlagen mit biegsamen Birkenzweigen, um die Poren zu öffnen und die Schweißbildung anzuregen.

Mindestens ebenso wichtig wie das Schwitzen in der Sauna ist die Prozedur danach. Man kann sich gemütlich auf der Terrasse abkühlen oder im Winter im Schnee wälzen. Hartgesottene können außerdem einer finnischen Besonderheit, dem Eislochschwimmen (*avantouinti*), frönen. So schlimm wie es sich anhört, ist es nicht. Das Unangenehmste dabei sind die kalten Füße, die man sich auf dem Weg zum Eisloch und zurück unweigerlich holt.

Sprache

„Finnisch – das hat doch irgendwie was mit Ungarisch zu tun, oder?" – ja und nein. Richtig ist, dass Finnisch zu den finno-ugrischen Sprachen gehört und (sehr) entfernt mit dem Ungarischen verwandt ist. Beide Sprachen haben gemeinsame Vorfahren, die allerdings ab 2000 v. Chr. getrennte Wege gingen, sodass es nicht verwundert, wenn sich Finnen und Ungarn heute ohne Fremdsprachenkenntnisse oder Dolmetscher nicht verständigen können. Enger verwandt ist Finnisch mit dem Estnischen. Die finno-ugrischen Sprachen werden weltweit von nur etwa 20 Mio. Menschen gesprochen und zwar in Mittel- und Osteuropa sowie Westsibirien.

Finnisch gilt als schwer erlernbar, was vor allem darauf zurückzuführen ist, dass es weder mit den skandinavischen noch anderen indogermanischen Sprachen verwandt ist.

Im Finnischen gibt es keine Artikel und nur wenige Präpositionen. Diese werden zumeist durch Fälle des Substantivs ersetzt, z. B.: *metsä* = Wald, *metsässä* = im Wald.

161 Verbformen und 15 Fälle sind bestimmt ein harter Brocken für denjenigen, der Finnisch lernen will. Einen Lichtblick gibt es allerdings: Jedes Wort wird genauso ausgesprochen, wie es geschrieben wird, und immer auf der ersten Silbe betont. Probieren Sie es doch einmal aus: Ausspracheübung heißt auf Finnisch *ääntämisharjoituksia*.

Zweite offizielle Amtssprache ist neben Finnisch auch Schwedisch. Die ca. 300.000 schwedischsprachigen Finnen leben vor allem im Schärengürtel, an der Südküste und am Bottnischen Meerbusen (☞ Land und Leute, Bevölkerung). Da nur etwa fünf Millionen Menschen Finnisch als Muttersprache sprechen, verwundert es nicht, dass viele Finnen gute Fremdsprachenkenntnisse besitzen. Eine Verständigung auf Englisch, oftmals sogar Deutsch, stellt kaum ein Problem dar. Um Ihnen das Lesen der finnischen Landkarten etwas zu vereinfachen, gibt es im Anhang eine Liste der wichtigsten in den Karten verwendeten Begriffe (☞ Kleiner Sprachführer).

☏ Telefon und Internet

Die Ländervorwahl für Finnland ist 00358 bzw. +358.

Um aus Finnland nach Hause zu telefonieren, wählen Sie 00 gefolgt von der jeweiligen Länderkennzahl (49 für Ⓓ, 43 für Ⓐ, 41 für (CH)) und die gewünschte Rufnummer, die Null der Ortsvorwahl entfällt.

Finnland verfügt über ein gut ausgebautes Mobilfunknetz und auch entlang der Bärenrunde funktionieren Mobiltelefone über weite Strecken sehr gut. Lediglich in den Schluchten und Canyons (z. B. an der Savilampi-Hütte) hat man keinen Empfang. In den meisten Fällen reicht es dann aus, auf eine höhergelegene Stelle zu klettern, um wieder telefonieren zu können.

Unterkunft

⌂ Entlang der Bärenrunde stehen insgesamt acht offene Wildmarkhütten für eine Übernachtung bereit. Sie sind ganzjährig frei zugänglich. Die Einrichtung besteht in der Regel aus einem zweiflammigen Gaskocher sowie einem Holzofen. Feuerholz, Säge und Axt sind vorhanden. Geschlafen wird auf der mitgebrachten Isomatte im eigenen Schlafsack auf einfachen Holzpritschen. Die Benutzung dieser rustikalen Blockhütten ist kostenlos.

Außerdem wurden entlang der Bärenrunde mehrere Laavus und Kotas eingerichtet.

☒ Laavus sind den Unterständen, in denen die Menschen in der Vergangenheit während der Zeit des Heumachens schliefen, nachempfunden. Es sind dreiecksförmige Unterstände, die zur Vorderseite hin offen sind. Davor befindet sich meist eine Feuerstelle.

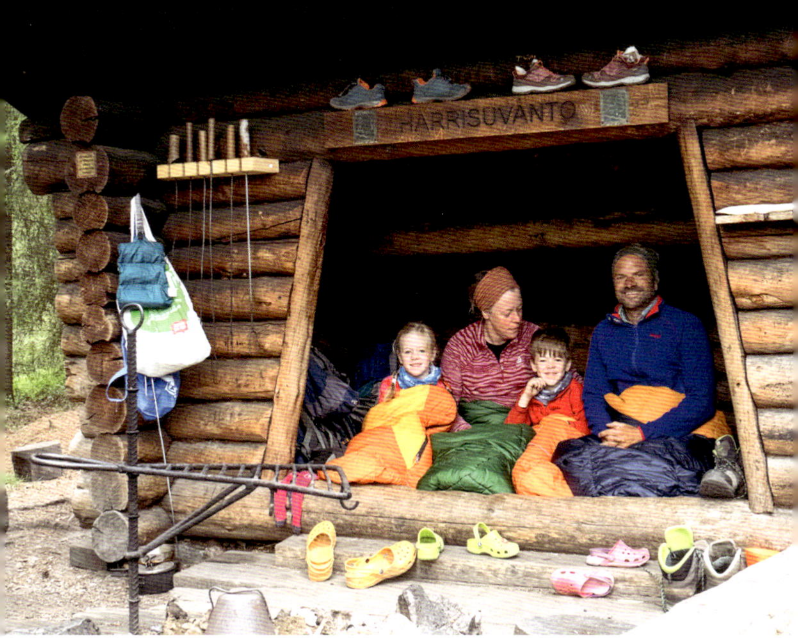

Harrisuvanto-Unterstand

Kotas sind nach dem Vorbild der Zelte der Samen pyramidenförmig mit einer Feuerstelle in der Mitte. Sie sind aber in erster Linie zum Pausemachen gedacht.

Da es im Sommer und im Herbst zur Zeit der *ruska* teilweise voll und schnell eng in den Hütten werden kann, ist es auf jeden Fall sinnvoll, ein Zelt mitzunehmen.

Zelten dürfen Sie im Oulanka-Nationalpark an den Hütten sowie an den offiziellen Feuerstellen.

Campingplätze (samt Hüttenvermietung) gibt es nur am Oulanka-Nationalpark-Infozentrum im Herzen des Nationalparks sowie in Juuma.

Das einzige Hotel entlang der Strecke finden Sie in Juuma. In Kuusamo sowie am Endpunkt der Bärenrunde in Ruka steht eine große Auswahl touristischer Angebote zur Verfügung.

Updates

Es gibt immer wieder Änderungen auf dem Weg. Der Conrad Stein Verlag veröffentlicht deshalb Updates zu diesem Buch, die direkt vom Autor oder von Lesern dieses Buches stammen.

Bitte schauen Sie vor der Abreise auf die Verlags-Homepage www.conrad-stein-verlag.de.

Der links abgebildete QR-Code führt Sie direkt dorthin.

Veranstaltungen in Kuusamo

Juni

- Raftwettbewerb auf dem Kitkajoki für Firmen
- Finnische Meisterschaften im Vogelschauen, bei der die Teilnehmer versuchen, möglichst viele Vogelarten zu erkennen

Juli

- Bärenfest, Straßenfest auf der Hauptstraße Kitkantie in Kuusamo. Tagsüber werden Waren aus der Region angeboten, abends verwandelt sich der Asphalt in ein Tanzparkett.
- Finnische Meisterschaften im Wildwasserrafting auf dem Kitkajoki
- Festtage von Kuusamo im Freilichtmuseum. Finnen in traditionellen Kostümen zeigen, wie in vergangenen Zeiten gelebt und gearbeitet wurde.

September

- Naturfotowettbewerb in der Stadthalle mit vielfältigem Rahmenprogramm für Naturfotografen wie Workshops, Vorträge, Ausstellungen und Fotowettbewerben, Informationen unter www.kuusamo.fi/naturephoto
- Herbstmarkt

Verkehrsmittel am Weg

Die Einstiegs- und Endpunkte entlang der Bärenrunde lassen sich mit öffentlichen Verkehrsmitteln erreichen. Aufgrund der überschaubaren Anzahl an Verbindungen ist aber eine gute Planung erforderlich. Nähere Hinweise dazu finden Sie unter Anreise.

Wandern mit Hund

Wenn Mensch und Tier an gemeinsame Mehrtagestouren gewöhnt sind, steht der Wanderung auf der Bärenrunde mit vierbeiniger Begleitung nichts im Weg. Die Versorgung mit Trinkwasser ist stets gewährleistet und in den Hütten sind Hunde grundsätzlich erlaubt, solange kein anderer Gast etwas dagegen einzuwenden hat. Zu beachten ist lediglich, dass die Tiere im Bereich des Oulanka-Nationalparks angeleint sein müssen und dass sich der ein oder andere Hund nicht über die Brücken und Hängebrücken entlang der Strecke traut und dort eventuell getragen werden muss.

Detaillierte Informationen über die genauen Bestimmungen und notwendigen Dokumente zur Einreise nach Finnland mit Hund finden Sie auf der Internetseite der Finnish Food Authority: 💻 www.ruokavirasto.fi/en/private-persons/travellers/pets/find-out-what-the-conditions-are-and-what-documentation-is-required.

Wetterbericht/Nachrichten

Natürlich hängt der Spaß einer Outdoor-Tour entscheidend vom Wetter ab. Während Sie auf einer Wanderung bei schlechtem Wetter nur nass werden oder frieren, kann eine Paddeltour auf einem der offenen, weiten Seen bei starkem Wind problematisch und sogar gefährlich werden. Es ist auf jeden Fall ratsam, bei der Überquerung eines großen Sees auch das Wettergeschehen bei der Planung zu berücksichtigen.

Eine gute Anlaufstelle für eine akkurate Wettervorhersage ist die Website des Finnischen Meteorologischen Instituts. Für unterwegs ist auch eine kostenlose Smartphone-App erhältlich, mit der Sie sich komfortabel und übersichtlich über die Wetterdaten, Regenprognose und Unwetterwarnungen für den aktuellen Standort informieren können.

💻 en.ilmatieteenlaitos.fi

📖 Wetter von Michael Hodgson & Meeno Schrader, Basiswissen für draußen, Band 13, Conrad Stein Verlag, ISBN 978-3-86686-013-1, € 8,90

Zeit

In Finnland gilt osteuropäische Zeit, d. h., Sie müssen Ihre Uhr bei der Ankunft um eine Stunde vorstellen.

Die Bärenrunde

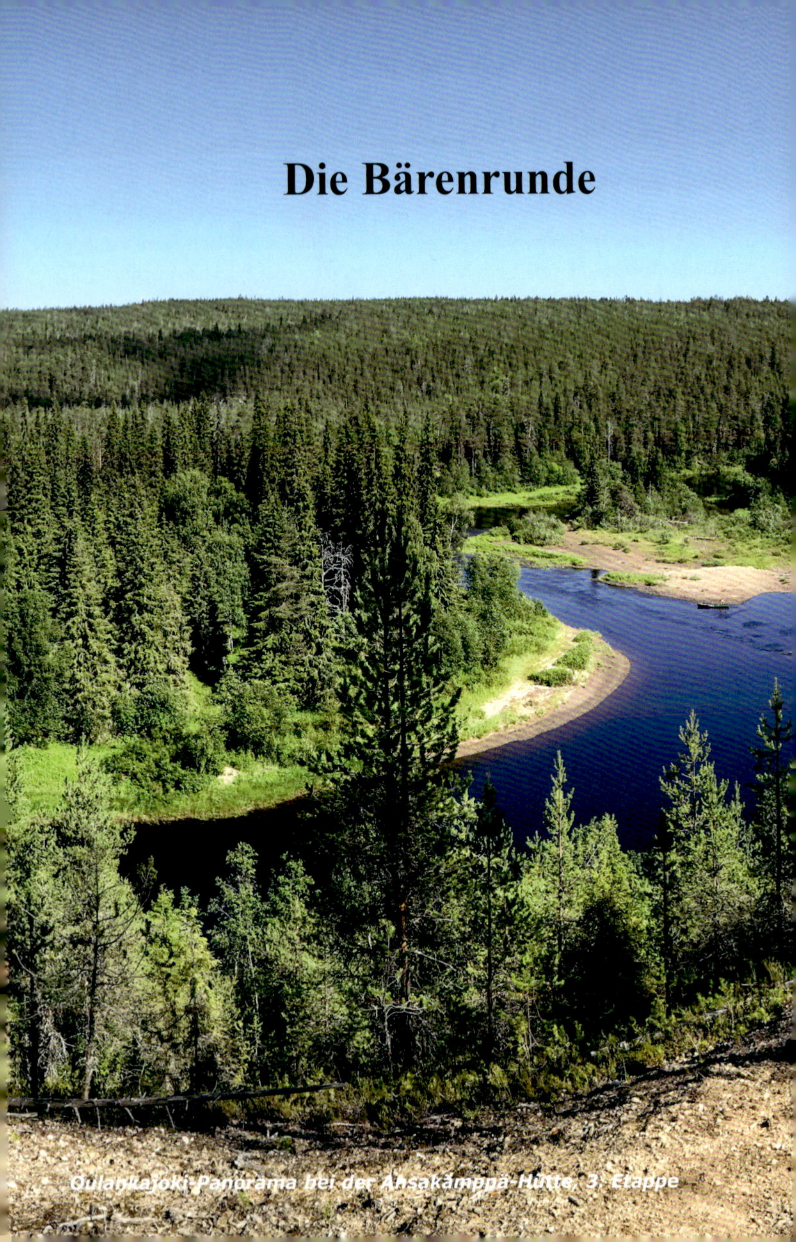

Oulankajoki-Panorama bei der Ansakämppä-Hütte, 3. Etappe

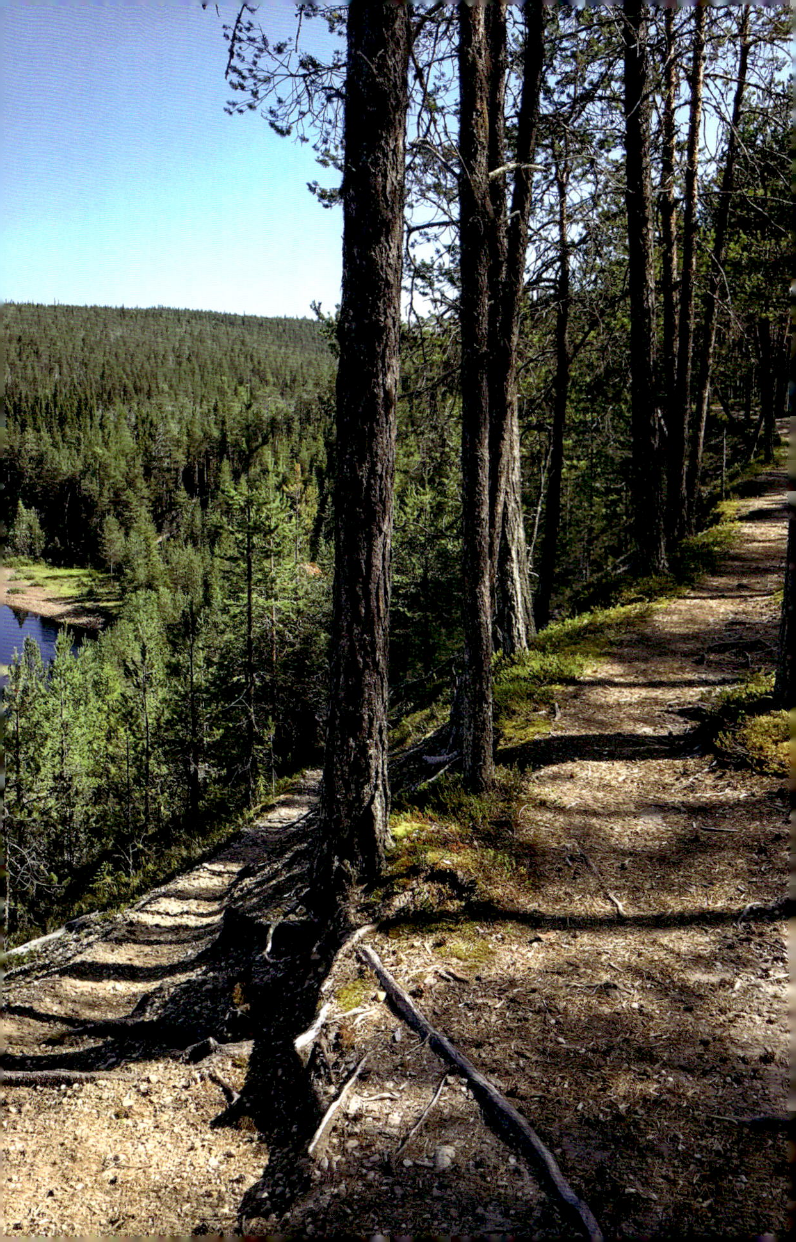

Der Oulanka-Nationalpark

Die finnische Regierung hat zur Bewahrung der ursprünglichen Natur zahlreiche Schutzgebiete eingerichtet. Insgesamt gibt es in Finnland 35 Nationalparks, die die charakteristischen Merkmale der jeweiligen Naturlandschaft erhalten sollen.

Der Oulanka-Nationalpark liegt im südlichen Nordfinnland auf dem Gebiet der Gemeinden Kuusamo und Salla. Er grenzt im Osten an den 1992 gegründeten Nationalpark Paanajärvi in Russland. Mit einer Größe von 270 km^2 ist er der größte finnische Nationalpark südlich des Polarkreises.

Schon früh erkannte man die besondere Bedeutung und Schönheit des Oulanka-Flusstals. In einem Zeitungsartikel von 1897 wurde erstmals die Gründung eines Nationalparks in der Region Kuusamo vorgeschlagen. 1910 wollte ein Komitee in einem Memorandum die Gebiete um den Oulankajoki, den Savinajoki und den Kitkajoki unter Naturschutz stellen. 1926 entwickelte Professor K. Linkola einen Plan zur Gründung von Naturschutzgebieten auf staatlichen Arealen, der auch die Region Kuusamo beinhaltete. Auf der Grundlage dieses Plans verabschiedete die Regierung zwar 1928 ein Gesetz, welches aber nicht vom Präsidenten bestätigt wurde, weil die Landbesitzverhältnisse in den Gemeinden Kuusamo und Salla ungeregelt waren.

Da in der Region Kuusamo die zur Gründung des Nationalparks notwendige Flurbereinigung nicht rechtzeitig abgeschlossen wurde, gehörte dieses Gebiet nicht zu den Natur- und Nationalparks der ersten Stunde. Zu den ersten Nationalparks in Finnland wurden 1938 die Gebiete Pallas-Ounastunturi und Pyhätunturi in Lappland erklärt.

1956 erfolgte die Verabschiedung eines Gesetzes, das zwölf neue Naturparks und sieben neue Nationalparks auswies. Darunter auch ein 107 km^2 großes Gebiet in Kuusamo, das deutlich kleiner ausfiel als 1926 vorgeschlagen.

Das Nationalpark-Komitee sah 1976 eine zweistufige Erweiterung des Gebietes vor. 1982 kam ein Moorgebiet nördlich des alten Parks hinzu, 1989 wurde auch das Urwaldgebiet Kitkanniemi in den Nationalpark eingegliedert und der Park erhielt seine heutige Größe.

Seit 1992 arbeitet der Oulanka-Nationalpark eng mit dem Paanajärvi-Nationalpark zusammen. Ziel des „Von Oulanka zu Paanajärvi"-Projektes ist die gemeinsame Aufnahme in das Welterbe der UNESCO. Weiterhin sollen die Entwicklungs- und Forschungsarbeit vertieft und die Infrastruktur auf der russischen Seite dem internationalen Standard angeglichen werden sowie die Fremdsprachenkenntnisse des Parkpersonals verbessert werden.

Prägend für den Nationalpark ist der in das Weiße Meer mündende Oulankajoki mit seinen Nebenflüssen Kitkajoki, Savinajoki, Maaninkajoki und Aventojoki. Charakteristisch sind mächtige Kiesablagerungen, in die die Flüsse durch Erosion steile Abhänge geschnitten haben, sowie zahlreiche tiefe Schluchten, die ebenfalls durch die Flüsse entstanden. Die Wassermassen bilden rasende Stromschnellen und stürzen in zahlreichen spektakulären Wasserfällen in die Tiefe. Die bekanntesten Wasserfälle Kiutaköngäs (14 m Gefälle auf 100 m), Taivalköngäs und Jyrävä sind alle entlang der Bärenrunde zu bewundern.

Die Natur des Nationalparks wird bestimmt durch einzigartige Lebensräume mit einer reichhaltigen Pflanzenwelt in den Flusstälern. An den schattigen Hängen wachsen viele Pflanzen, die sonst in Lappland oder weiter östlich vorkommen, und an den sonnigen Hängen leben viele südliche Arten. Außerhalb der Flusstäler wird das Gebiet durch Kiefern- und Fichtenwälder, Heideflächen und, besonders im nördlichen Teil, durch Moore geprägt. Letztere sind ein bedeutendes Brutgebiet für zahlreiche seltene Vogelarten, z. B. Kranich, Auerhuhn, Singschwan, Bruchwasserläufer, Prachttaucher, Grünschenkel und Steinadler.

Die ersten Menschen, die im Gebiet des heutigen Nationalparks lebten, waren die Samen. Da die Rentierhaltung noch unbekannt war, lebten sie als jagende und fischende Halbnomaden.

Noch heute erinnern einige Ortsnamen an diese ursprüngliche Form der Jagd. Die Rentiere wurden an Engstellen getrieben, an denen Gatter (finnisch: *hangas*, Ortsname Hangasjärvi) oder Fallgruben (finnisch: *ruoppa*, Ortsname Ruoppiharju) gebaut wurden.

Ab dem 17. Jh. verdrängten die Finnen die Samen nach Norden. Sie begannen mit Viehhaltung und Ackerbau. Für die Viehhaltung benötigte man Heu, das zuerst auf natürlichen Wiesen gemäht wurde. Diese Form der Naturwiesenwirtschaft wurde bis in die 50er-Jahre des 20. Jh. betrieben.

Ende des 18. Jh. begann man, weiteres Weideland zu gewinnen, indem man die Sümpfe entlang der Flussläufe eindämmte. Später wurde auch der Wasserspiegel der Seen gesenkt, um an den Ufern neue Weideflächen zu schaffen. Die Straße, die den Nationalpark durchquert und von Käylä nach Liikasenvaara führt, wurde 1935 fertiggestellt.

☺ Wenn Sie nach der Wanderung auf der Bärenrunde noch ein paar Tage in wirklich ruhiger und abgeschiedener nordischer Wildnis unterwegs sein wollen, können Sie von Ruka aus nach Westen in den Riisitunturi-Nationalpark fahren. Neben markierten Tagesspaziergängen führt der 29 km lange Riisitunturi-Trail durch den Park, der sich bequem in zwei bis drei Tagen bewältigen lässt.

Ein Jahr im Oulanka-Nationalpark

Der Winter ist mit sechs Monaten die längste Jahreszeit und dauert etwa von Mitte Oktober bis Mitte April. Häufig erscheinen Polarlichter am Himmel. Im Januar kommen die Jungen der Braunbären in den Überwinterungshöhlen zur Welt.

Der Februar ist der kälteste Monat des Jahres. In den Wäldern hört man knackende Geräusche, wenn bei starkem Frost die Rinde der Bäume reißt. Raureif ummantelt die Äste und unter dieser Last knicken Zweige, Äste oder sogar ganze Baumwipfel ab. Die Brunft der Wölfe und Füchse beginnt, die Elche stoßen ihre Geweihe ab.

Der Februar ist der kälteste Monat des Jahres im Oulanka-Nationalpark

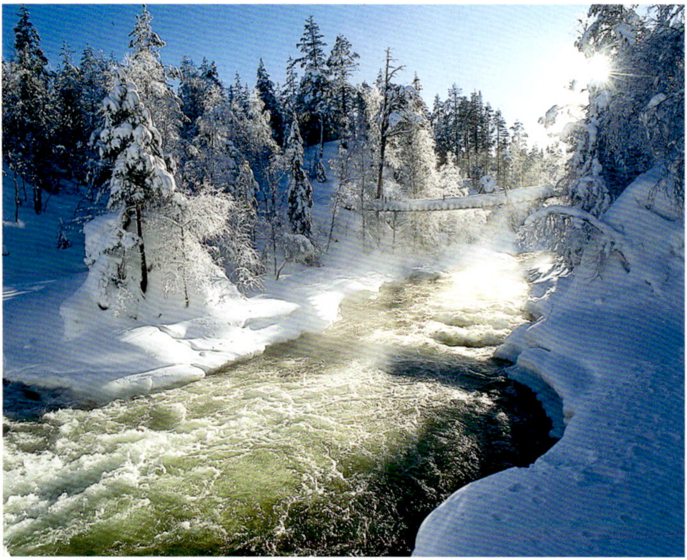

Gegen Ende des Februars werden die Tage länger und die Intensität der Sonnenstrahlen steigt. Erste Wassertropfen können sich bilden und zu Eiszapfen gefrieren, die von den Baumzweigen herunterhängen. Die oberste Schneeschicht verharscht und die Rentiere brechen beim Gehen ein. Im März beginnt die Brunft des Luchses.

Der Frühling dauert nur etwa einen Monat, im Mai schmilzt die Schneedecke ab. Wenn das erste Eis auf den Seen geschmolzen ist, treffen zuerst die Singschwäne ein und beginnen mit der Balz. Die Mehrzahl der Zugvögel folgt und Elch sowie Ren beginnen zu kalben. Die ersten Kraniche fliegen ab Ende Mai in die Sümpfe.

Der 21. Juni ist der längste Tag des Jahres und markiert den Anfang des Sommers, der nur knapp drei Monate dauert. Die letzten Zugvögel wie z. B. der Sumpfrohrsänger, kommen an. Wiesen blühen urplötzlich auf, in den Niederungen der gelbe Frauenschuh, an schroffen Felswänden der Silberwurz, an den Bachufern die Sumpfdotterblume. Die Mückenplage wird an den wärmsten Tagen des Jahres im Juli besonders schlimm.

Mitte September kündigt sich bereits der Herbst an und die Tage werden deutlich kürzer und die ersten Nachtfröste treten auf. Die Multebeeren sind reif, die Wälder stehen voller Pilze. Der Unglückshäher trägt seine Wintervorräte zusammen: Pilze, Beeren und Insekten werden in Baumritzen und unter Ästen deponiert. Die Kraniche fliegen nach Süden, und die Wälder leuchten in der Farbenpracht der *ruska*. Im Oktober treten die Singschwäne ihren Flug nach Süden an, es fällt der erste Schnee und die Seen frieren zu.

Die Bärenrunde auf einen Blick

Die Bärenrunde ist eine rund 82 km lange Wanderroute, die größtenteils durch den Nationalpark Oulanka verläuft. Für die gesamte Strecke von Hautajärvi bis Ruka sollten Sie vier bis fünf Tage einplanen. Wenn Sie auch die Gegend abseits der Hauptroute erkunden wollen (z. B. Oulanka-Canyon, Naturlehrpfade), sollten Sie etwas mehr Zeit mitbringen.

Der Pfad führt Sie an den bekanntesten Sehenswürdigkeiten dieser Region vorbei: **Rupakivi-Felsen**, **Oulanka-Canyon**, die Wasserfälle **Taivalköngäs**, **Kiutaköngäs** und **Jyrävä**. Die Wanderroute ist hervorragend mit orangefarbenen Markierungen ausgeschildert.

Eine Wanderung von Norden nach Süden hat den Vorteil, dass Sie in ebenem Gelände beginnen und gleich die schönsten Sehenswürdigkeiten zu Gesicht bekommen. Bei einem Start im Süden, in Ruka, müssen Sie gleich zu Beginn große Steigungen bewältigen. Deshalb entscheiden sich die meisten Wanderer für einen Start in Ristikallio bzw. Hautajärvi. Eine nicht zu verachtende Tatsache, denn wenn Sie gegen den Strom wandern, kommen Sie aus dem „Hei, hei"-Sagen wahrscheinlich nicht mehr heraus.

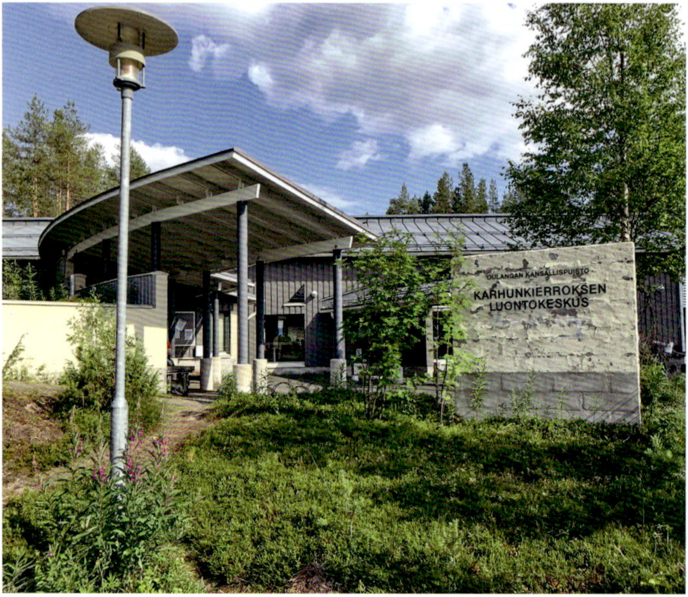

Karhunkierros Besucherzentrum in Hautajärvi

Bei einem Start im Norden haben Sie zwei Varianten. Entweder Sie starten am Informationszentrum in Hautajärvi oder Sie entscheiden sich für die etwas kürzere Ristikallio-Variante.

☺ In diesem Buch wird die Bärenrunde in Nord-Süd-Richtung beschrieben. Falls Sie sich entscheiden, in die entgegengesetzte Richtung zu laufen, beenden Sie Ihre Tour in Hautajärvi oder Ristikallio und können von dort im Sommer mit dem Bus nach Kuusamo zurückfahren. Die Busse verkehren nur einmal pro Tag. Aktuelle Fahrpläne finden Sie unter 💻 www.matkahuolto.fi.

Vom Startpunkt am Informationszentrum von Hautajärvi führt der Weg zum Savinajoki-Flussufer und an diesem entlang bis zur Hängebrücke von Savilampi. Weiter geht es zu den Taivalköngäs, wo auch der Ristikallio-Zweig der Bärenrunde auf den Weg trifft. Der Pfad folgt nun dem Oulankajoki.

In der Nähe des Nationalpark-Informationszentrums an den Kiutaköngäs können Sie auf zwei Naturlehrpfaden die Pflanzen- und Tierwelt des Nationalparks kennenlernen. Weiter geht es am Oulankajoki entlang, bis Sie auf den Kitkajoki mit dem spektakulären Jyrävä-Wasserfall treffen. Danach verlassen Sie den Nationalpark und über den Konttainen und den Valtavaara geht es zum Endpunkt der Bärenrunde nach Ruka.

Oulankajoki-Panorama bei der Ansakämppä-Hütte

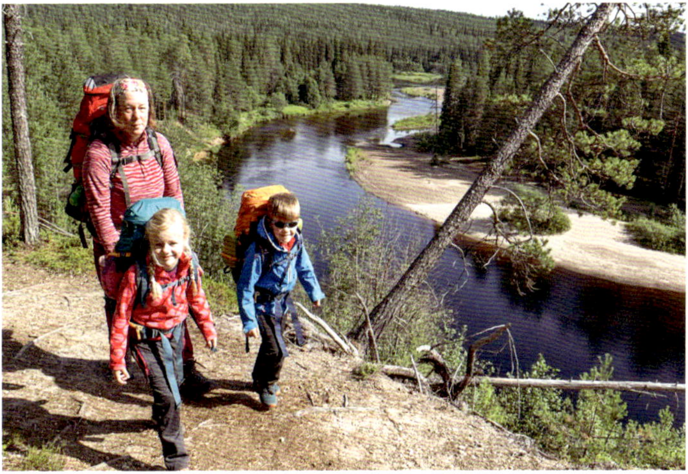

Kuusamo

Fremdenverkehrszentrum Karhuntassu, Torangintaival 2, FIN-93600 Kuusamo, +358/206/39 68 04, Mo-Fr 9:00-17:00, Sa 10:00-16:00, So 12:00-16:00, Winter: Mo-Do 9:00-17:00, Fr 9:00-15:00

Holiday Club Kuusamon Tropiikki, Kylpyläntie 5, 93600 Kuusamo, +358/30/686 44 00, www.holidayclubresorts.com, Doppelzimmer ab ca. € 90

◆ Hotel Kuusanka, Ouluntie 2, 93600 Kuusamo, +358/40/564, www.petajakyla.fi, €€

◆ Kuusamon Portti (etwa 15 km südlich vom Stadtzentrum), Kajaanintie 151, 93999 Kuusamo, +358/44/566 76 85, www.kuusamonportti.fi, Doppelzimmer € 90

- Holiday Village Petäjälampi (Camping & Hüttenvermietung), Petäjälammentie, 93600 Kuusamo, ☏ +358/400/58 74 06, www.petajakyla.fi, 1.6.-15.9.
- Matkajoki Camping, Kemijärventie 59, 93600 Kuusamo, ☏ +358/50/372 07 76, 1.6.-30.9., Zelt € 15/Tag
- Zahlreiche Restaurants unterschiedlicher Preisklassen entlang der Hauptstraße Kitkantie und im Hotel Kuusamon Tropiikki. Am Markt, an der Kreuzung von Kitkantie und Ouluntie, haben einige Imbissbuden bis Mitternacht geöffnet.
- zahlreiche große Supermärkte im gesamten Stadtgebiet, Mo-Fr 9:00-20:00, Sa 9:00-18:00
- Besonders lange Öffnungszeiten und Gaskartuschen sowie Trekkingnahrung im Angebot hat z. B. der große Prisma-Supermarkt, Huoparintie 1, Mo-Sa 8:00-21:00, So 10:00-21:00.
- Outdoor-Ausrüstung u. a. bei Intersport, Airotie 9, Mo-Fr 9:30-18:00, Sa 9:30-16:00, oder Kuusamon Tärppi Oy (im Prisma-Supermarkt)
- Hospital, Kuusamon Kunnan Terveyskeskus, im Stadtzentrum, Raistakantie, 93600 Kuusamo, ☏ +358/40/860 86 10
- Kuusamon Keskusapptekki, Ouluntaival 1, ☏ +358/8/844 22 00, www.kuusamonkeskusapteekki.fi
- Kuusamon I Apteekki, Huoparintie 1 (im Prisma-Supermarkt), ☏ +358/8/852 21 11
- Diverse Banken und Geldautomaten finden Sie entlang der Straße Kitkantie.
- Freilichtmuseum Kuusamo (Kotiseutumuseo), in dem einige ältere Gebäude einen Eindruck der Lebens- und Arbeitsbedingungen vergangener Zeiten vermitteln, in Tolpanniemi am See Kuusamojärvi südöstlich des Stadtzentrums (Kitronintie 6), ☏ +358/40/860 87 17, Juni bis Ende August Di-Sa 11:00-18:00
- The Hannu Hautala Nature Photography Centre, ☏ +358/40/860 83 64, www.hannuhautala.fi, Mo-Do 9:00-17:00, Fr 9:00-15:00, wechselnde Ausstellungen des finnischen Naturfotografen im ☞ Karhuntassu-Besucherzentrum
- im Norden des Stadtzentrums, Keskuskuja 1, Fahrzeiten der Busse zu den Ausgangspunkten der Bärenrunde (☞ Reise-Infos von A bis Z, Anreise, Weiterreise von Kuusamo zur Bärenrunde)
- Flughafen ca. 6 km außerhalb im Nordosten, tgl. zwei Verbindungen nach Helsinki
- OTaxi, ☏ +358/100/842 00, www.kuusamontaksi.fi

Wenn Sie das erste Mal nach Kuusamo kommen, werden Sie wahrscheinlich am liebsten sofort wieder umkehren wollen. Kuusamo ist gelinde gesagt hässlich. Im Zweiten Weltkrieg wurde es 1944 total zerstört. Wer viel Zeit hat, kann einen Blick in die Kirche (Mo-Mi, Fr 9:00-17:00) oder in das Freilichtmuseum werfen. Für Fotoliebhaber lohnt sich ein Besuch der Ausstellung des in Finnland sehr bekannten Naturfotografen Hannu Hautala im Gebäude des Karhuntassu-Besucherzentrums. Ansonsten gibt es keine touristischen Sehenswürdigkeiten.

Den Reiz dieser Stadt macht ihre Umgebung aus. Kuusamo liegt in einem der schönsten Teile Finnlands. Diese Region ist sowohl von der uralten Kultur der Samen als auch von den später eingewanderten Finnen geprägt.

Die Gemeinde Kuusamo liegt in der Provinz Oulu und erstreckt sich über eine Fläche von 5.805 km². Die nördliche Gemeindegrenze reicht fast bis zum Polarkreis, 130 km der östlichen grenzen an Russland.

Die Stadt wurde 1868 gegründet und 1880 lebten dort 6.750 Menschen. Heute beträgt die Einwohnerzahl 15.000. Fast 70 % der arbeitenden Bevölkerung sind im Dienstleistungsbereich beschäftigt. Von großer Bedeutung ist die Land- und Forstwirtschaft, im Gebiet von Kuusamo werden etwa 11.000 Rentiere gehalten.

1. Etappe: Hautajärvi – Savilampi – Taivalköngäs

➲ 19,2 km, ⌛ 5 Std., ↑ 130 m, ↓ 165 m, ⇧ 170 m-240 m

0,0 km	⇧ 233 m	Hautajärvi, Infozentrum
0,5 km	⇧ 233 m	Rytiniva-Feuerstelle
4,4 km	⇧ 238 m	Grenze Oulanka-Nationalpark
6,7 km	⇧ 222 m	Unterstand Perttumakoski (ca. 100 m von der Hauptroute entfernt)
12,6 km	⇧ 194 m	Aussicht auf Rupakivi-Felsen ⌘
13,2 km	⇧ 189 m	Abzweig zum Unterstand Vasajänganoja (ca. 200 m von der Hauptroute entfernt)
15,8 km	⇧ 174 m	Savilampi-Hütte
17,7 km	⇧ 210 m	Puikko-Oja
19,1 km	⇧ 200 m	Zeltstelle vor der Taivalköngas-Hütte
19,2 km	⇧ 175 m	Taivalköngäs-Hütte

Der nördlichste Abschnitt der Bärenrunde beginnt am Karhunkierros-Infozentrum in Hautajärvi direkt an der Straße 950 Richtung Salla. Die erste Etappe führt zunächst durch trockenen Nadelwald und erreicht bald den Oulanka-Nationalpark.

Anschließend geht es parallel zum Fluss Savinajoki in südliche Richtung und auf dem Weg zur Savilampi-Hütte erwarten Sie auch spektakuläre Aussichten vom hohen Steilufer und der beeindruckende Rupakivi-Felsen mitten im Fluss. Hinter der Übernachtungshütte bringt Sie die erste Hängebrücke der Tour über den Oulankajoki und Sie können die Wanderung zur Taivalköngäs-Übernachtungshütte fortsetzen.

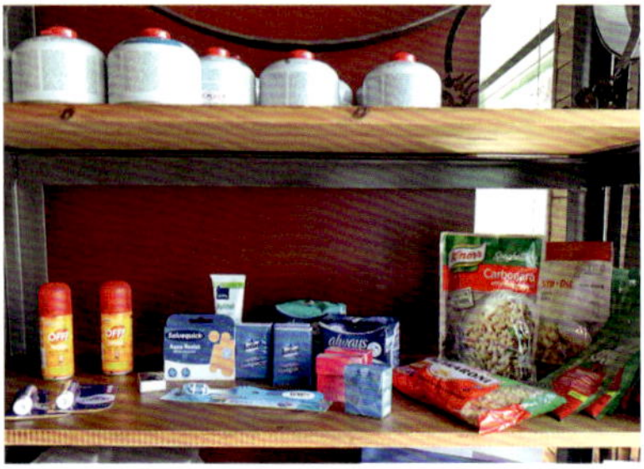

Verkaufsregal im Karhunkierros-Infozentrum

Die Bärenrunde beginnt direkt am Infozentrum. Dort können Sie in begrenztem Umfang Proviant, Landkarten und Angellizenzen erwerben. Außerdem informieren eine wechselnde Ausstellung und Diavorträge über die Natur des Nationalparks. Weiterhin gibt es eine Zusammenstellung der im Gebiet vorkommenden Gesteinsarten und Moortypen und ein kleines Café.

ℹ Karhunkierros-Infozentrum, Hautajärventie 414, Hautajärvi, ☏ +358/400/196 74 19 89 95, 💻 www.karhunkierros.fi, 🚪 im Sommer tgl. 9:00-17:00, ⛟ ☕ ⌘

Sie beginnen Ihre Wanderung am Holztor mit der Aufschrift „Karhunkierros“. Der breite, geschotterte Pfad verläuft in östliche Richtung und bringt Sie auf der Rückseite einiger Holzhütten vorbei zur überdachten Feuerstelle Rytiniva am Ufer des Koutajoki ❶.

Die Spuren der Zivilisation verblassen nur langsam. Zuerst laufen Sie entlang einer Stromleitung, der Motorenlärm von der Straße Kuusamo – Salla klingt allmählich ab. Neben dem breiten Waldweg rostet ein altes Auto vor sich hin und Sie treffen auf eine unbefestigte Straße, der Sie kurz nach links folgen, um den Koutajoki zu überqueren. Am gegenüberliegenden Ufer verlassen Sie die Straße sofort nach rechts und der Pfad bringt Sie zu einer weiteren Brücke über den Koutajoki. Sie wandern nun gen Süden durch lichten Nadelwald und auf einem Bohlensteg um den See Könkaälampi herum. Kurze Zeit später erreichen Sie etwa 4,5 km hinter dem Start in Hautajärvi die **Nationalparkgrenze** ❷. Der Pfad führt durch einen verträumten Wald und über drei kleine Sumpfflächen. Umgefallene Bäume mit dicken Moospolstern säumen den Weg.

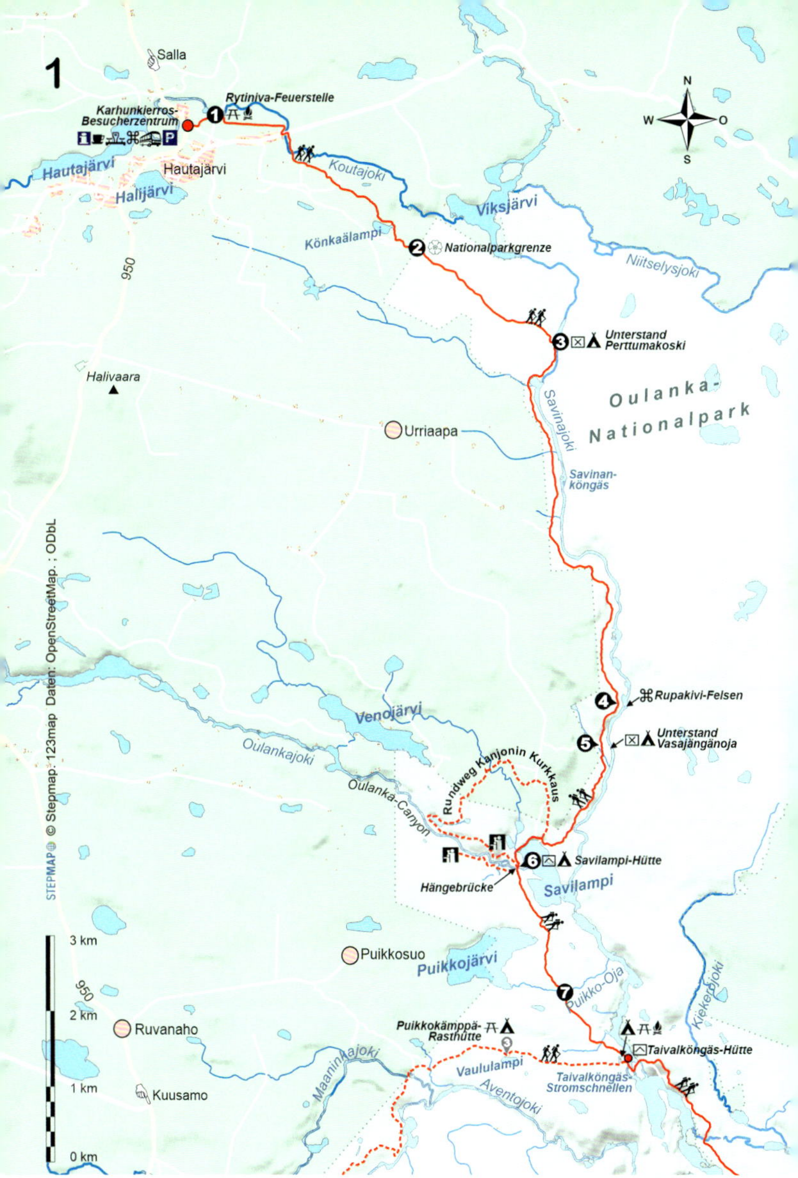
1
Salla
Rytiniva-Feuerstelle
Karhunkierros-Besucherzentrum
Hautajärvi
Hautajärvi
Halijärvi
Koutajoki
Viksjärvi
Könkaälampi
Nationalparkgrenze
Niitselysjoki
950
Unterstand Perttumakoski
Halivaara
Oulanka-Nationalpark
Urriaapa
Savinajoki
Savinan-köngäs
Rupakivi-Felsen
Unterstand Vasajängänoja
Venojärvi
Oulankajoki
Rundweg Kanjonin Kurkkaus
Oulanka-Canyon
Savilampi-Hütte
Hängebrücke
Savilampi
Puikkosuo
Puikkojärvi
Puikko-Oja
Kiekerojoki
3 km
2 km
1 km
0 km
950
Ruvanaho
Puikkokämppä-Rasthütte
Taivalköngäs-Hütte
Maaninkajoki
Vaulalampi
Taivalköngäs-Stromschnellen
Aventojoki
Kuusamo
N
W
O
S
STEPMAP © Stepmap; 123map Daten: OpenStreetMap; ODbL

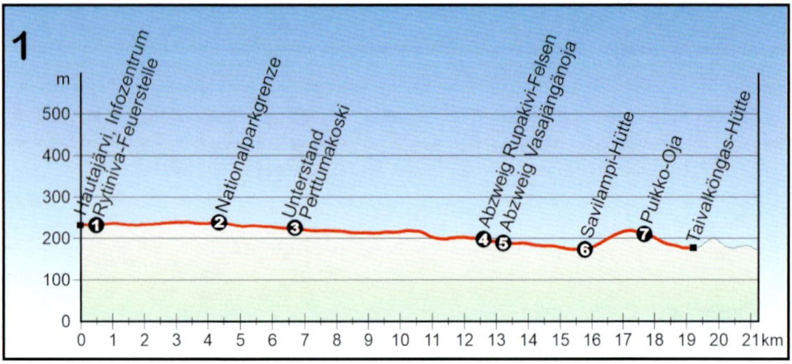

Nach weiteren 2,5 km vernehmen Sie leise das stetige Rauschen des **Savinajoki**, das immer lauter wird, ↬ bis Sie den Abzweig zum etwa 100 m abseits des Weges direkt am Flussufer gelegenen ☒ Unterstand Perttumakoski (mit etwas Suchen lassen sich auf dem Waldboden auch ausreichend ebene Flächen finden, um das ⛺ Zelt aufzuschlagen) erreichen ❸.

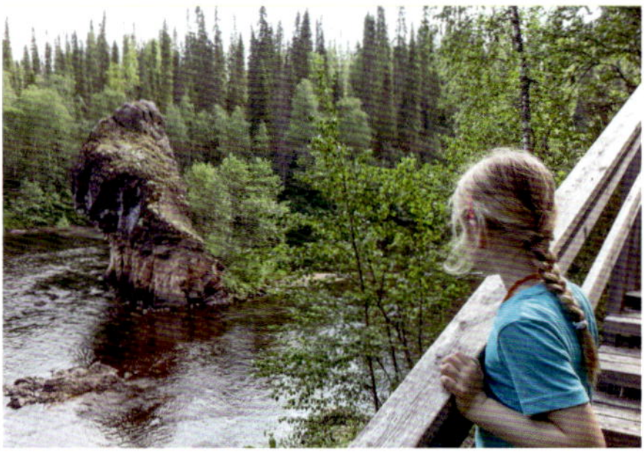

Rupakivi-Felsen

Die Bärenrunde verläuft nun am Westufer des Savinajoki entlang und es geht für etwa 6 km auf einem gut zu laufenden, breiten Weg durch den lichten Wald mit grünem Unterwuchs. Dann erreichen Sie eine etwas freiere Stelle auf dem Hochufer ❹ und ↬ nach links führt zunächst ein kurzer steiler Pfad, weiter unten Treppenstufen zum Aussichtspunkt auf den ⌘ **Rupakivi**, einen charakteristischen Felsen in der Flussmitte, der, aus der richtigen Perspektive mit viel Fantasie betrachtet, an die Figuren auf der Osterinsel erinnert.

↬ Gut 600 m weiter führt ein schmaler Pfad nach links zum ☒ Unterstand Vasajängänoja und die Uferwiese nebenan bietet hervorragende ⛺ Zeltmöglichkeiten ❺.

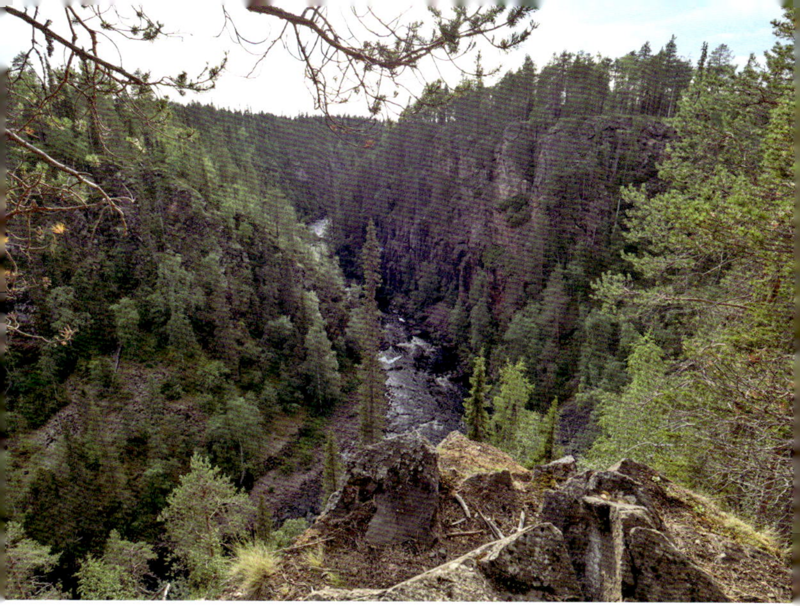

Oulanka-Canyon

Kurz darauf bringen Sie Treppenstufen über einen Felsrücken und im weiteren Verlauf geht es stetig über ein paar kleinere Hügel auf und ab. Der Pfad verlässt dann das Ufer des rauschenden **Savinajoki** und führt steil bergan. Links unter Ihnen taucht der **Savilampi** auf, eine seenartige Verbreiterung, in der **Oulankajoki** und **Savinajoki** zusammenfließen. Sie passieren zunächst eine steile Holzrutschbahn, die dazu dient, Boote zu Wasser zu lassen, und treffen dann auf den Oulankajoki-Canyon-Rundweg, der nun der Bärenrunde bis zur Savilampi-Hütte folgt.

Rundweg Kanjonin Kurkkaus (6 km)

Der kurze, mit grüner Farbe markierte Rundkurs führt Tageswanderer vom Parkplatz am Ende der Straße über die Savilampi-Hütte zum Aussichtspunkt über den Oulankajoki-Canyon.

⇨ Für einen beeindruckenden Blick über den Canyon folgen Sie den grünen Markierungen vor der Savilampi-Hütte zum Aussichtspunkt. Ein weiteres schönes Panorama bietet sich auch vom Südufer des Oulankajoki. Dazu müssen Sie zunächst die Hängebrücke hinter der Hütte überqueren und steigen dann über die Treppen nach rechts hinauf zu einem weiteren Aussichtspunkt.

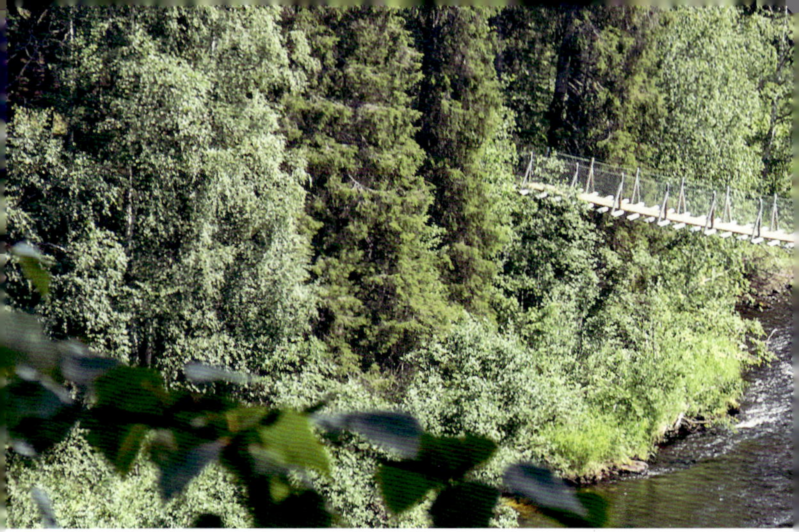

Sie laufen nun zunächst hoch über dem Ufer des Sees weiter und schließlich senkt sich der gut zu laufende, breit ausgebaute Pfad zur ersten ⌂ Übernachtungshütte, die auf einer kleinen Lichtung im Wald direkt am Flussufer liegt ❻.

⌂ Savilampi-Übernachtungshütte, Platz für ca. 10 Personen, GPS N 66°25.913' E 029°09.390'

Hinter der Hütte überqueren Sie auf der ersten Hängebrücke der Tour den **Oulankajoki**, der aus nordwestlicher Richtung in den **Savilampi** fließt.

Der 4 km lange Abschnitt bis zur Taivalköngäs-Hütte ist leicht zu laufen und weist weder Hindernisse noch große Höhendifferenzen auf. Der kleine **Puikko-Oja**, den Sie auf einer Holzbrücke überwinden ❼, markiert die Halbzeit auf dem Abschnitt zwischen der Savilampi- und der Taivalköngäs-Hütte.

Kurz bevor Sie die Hütte erreichen, eröffnet sich Ihnen ein eindrucksvolles Panorama über das Oulankajoki-Tal und die Zelt- und Feuerstelle vor der Taivalköngäs-Hütte. Unter Ihnen in der Tiefe schlängelt sich der Fluss dahin, um hinter einem malerisch gelegenen Holzschuppen am rechten Ufer im Wald zu verschwinden. Flechtenbewachsene, schroffe Felsen glänzen zwischen den Bäumen, die sich an das steile linke Ufer krallen. Die Taivalköngäs rauschen schon im Hintergrund.

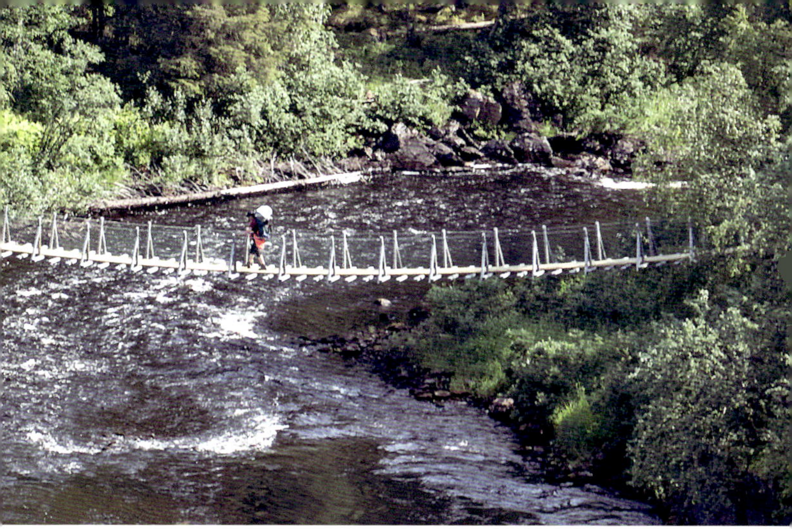

Hängebrücke über den Savinajoki bei der Taivalköngäs-Übernachtungshütte

Nach ausgiebigem Rundblick geht es kurz bergab zur Wegkreuzung, an der von rechts die Ristikallio-Variante eintrifft, und Sie laufen nach links über einige Treppenstufen hinab zur ⌂ Übernachtungshütte am Flussufer.

⌂ Taivalköngäs-Übernachtungshütte, für ca. 10-15 Personen auf 2 Etagen, GPS N 66°25.914' E 029°09.388'

Variante: Parkplatz an der Straße von Kuusamo nach Salla – Ristikallio – Taivalköngäs

8,8 km, 2 Std. 15 Min., ↑ 40 m, ↓ 83 m, ⇧ 190 m-240 m

0,0 km	⇧ 240 m	Parkplatz an der Straße 950
4,6 km	⇧ 192 m	Ristikallio-Übernachtungshütte ⌂
7,1 km	⇧ 210 m	Puikkokämppä-Rasthütte
8,8 km	⇧ 175 m	Taivalköngäs-Hütte ⌂

Die Ristikallio-Variante startet vom Parkplatz an der Straße 950 (Sallantie) gut 16 km südlich von Hautajärvi und führt durch unterwuchsreichen Wald zum Ristikallio-Steilufer und der gleichnamigen Übernachtungshütte. Weiter geht es durch Kiefernwald und entlang des Aventojoki-Ufers über die Puikkokämppä-Rasthütte zur Übernachtungshütte an den Taivalköngäs-Stromschnellen.

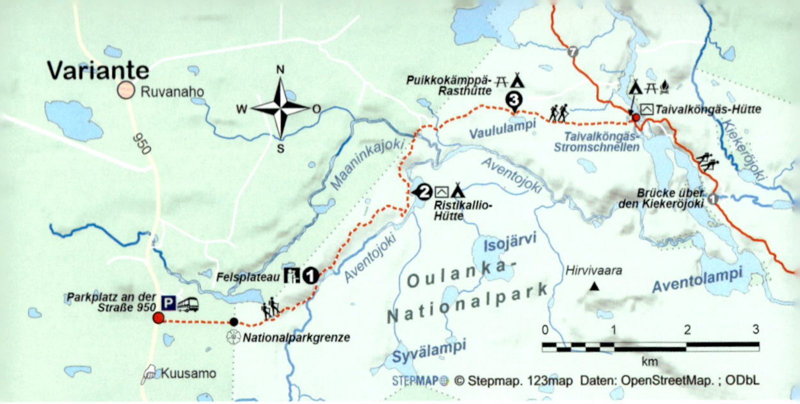

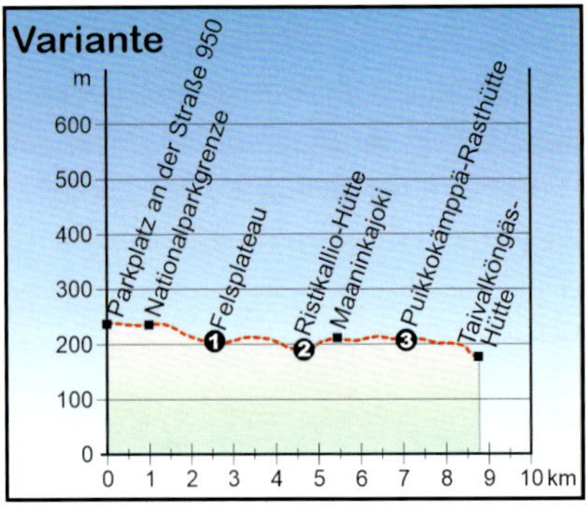

Die südlichere Variante für den Start auf der Bärenrunde beginnt am Südende des Parkplatzes an der Straße 950 ca. 16 km südlich von Hautajärvi. Sie gehen die Holztreppe hinunter, auf einem Bohlensteg weiter, steigen auf der gegenüberliegenden Seite bergan und laufen in östliche Richtung. Der Weg ist gut ausgebaut und einfach zu laufen.

Nachdem Sie die **Nationalparkgrenze** erreicht haben, schwenkt der Weg nach Nordosten. Der Pfad führt durch Kiefern- und Fichtenwald und trifft nach insgesamt 2 km kurz auf den **Aventojoki**, entfernt sich aber sofort wieder vom Flussufer und verläuft weiter in nordöstlicher Richtung durch Kiefern- und Fichtenwald. Hinter dem Waldsee geht es steil bergan.

Sie erklimmen ein steil zum Fluss hinabfallendes Felsplateau mit einem eindrucksvollen Panorama über den Aventojoki ❶.

Nach einer scharfen Serpentine blicken Sie auf eine seeartige Erweiterung des Flusses, an der auch die idyllisch an einem See gelegene ⌂ Ristikallio-Hütte zu finden ist ❷, und Sie haben einen spektakulären Blick auf bis zu 20 m hohe Felswände.

⌂ Ristikallio-Hütte, Platz für ca. 10 Personen, GPS 66°24.041' E 029°07.221'

Der Pfad verläuft für kurze Zeit entlang des Seeufers weiter. Der Weg ist einfach zu laufen und führt durch einen lichten Kiefernwald. Dann entfernt er sich in nordwestliche Richtung vom Ufer und es geht bergan.

Oben angekommen erblicken Sie den **Maaninkajoki** und seine Mündung in den **Aventojoki**. Sie überqueren den Maaninkajoki auf einer Holzbrücke. Danach wird der Weg breiter und führt Sie in nordöstlicher Richtung durch einen lichten Kiefernwald. 2,2 km hinter der Ristikallio-Hütte treffen Sie auf den **Vaululampi**. An dessen Nordufer liegt die ⛺ Rasthütte Puikkokämppä ❸.

Die Bärenrunde verläuft in Richtung Osten durch mit Mooren bedecktes Waldland. Nach knapp 2 km treffen Sie auf einen kleinen Tümpel, den Sie auf der Südseite umrunden. Dahinter gelangen Sie an eine Kreuzung und von links kommt die Hautajärvi-Route der Bärenrunde.

☺ Ein kurzer Abstecher nach links auf dem Hautajärvi-Pfad lohnt sich auf jeden Fall, denn von oben an der ⛺ Zelt- und Feuerstelle eröffnet sich Ihnen ein eindrucksvolles Panorama über den Oulankajoki (☞ 1. Etappe).

Zur ⌂ Übernachtungshütte geht es rechts über etliche Treppenstufen bergab. Sie liegt am Westufer des Oulankajoki oberhalb zweier Stromschnellen.

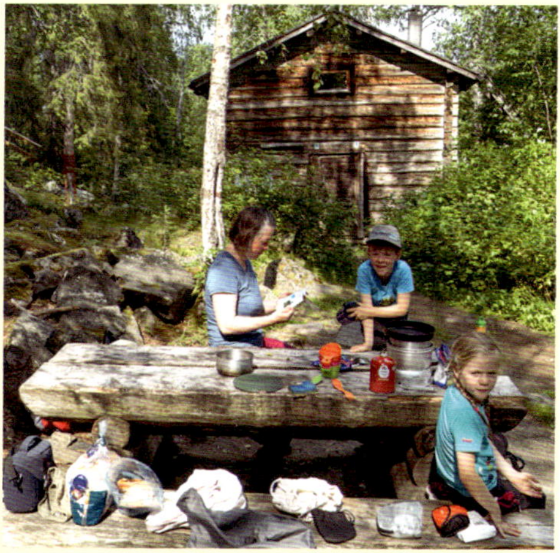

Pause an der Taivalköngäs-Hütte

⌂ Taivalköngäs-Hütte, für ca. 10-15 Personen auf 2 Etagen, GPS N 66°24.532' E 029°11.412'

2. Etappe: Taivalköngäs – Campingplatz Oulanka-Nationalpark

➲ 7,7 km, ⌛ 2 Std. 15 Min., ↑ 61 m, ↓ 106 m, ⇧ 170 m-200 m

0,0 km	⇧ 175 m	Taivalköngäs-Hütte
2,0 km	⇧ 170 m	Brücke über den Kiekeröjoki
4,2 km	⇧ 171 m	Feuerstelle Runsulampi
7,7 km	⇧ 170 m	Campingplatz Oulanka-Nationalpark P

Von der Hütte laufen Sie auf einer ersten Hängebrücke über die Taivalköngäs-Stromschnellen, wechseln über zwei Inseln ans gegenüberliegende Flussufer und folgen einem unkomplizierten Weg durch den Wald zur idyllischen Feuerstelle am Runsulampi. Am Ende der Etappe wartet der naturbelassene, aber sehr gut ausgestattete Campingplatz des Oulanka-Nationalparks, wo Sie das Zelt aufschlagen oder eine komfortable Hütte mieten und sich in der Sauna am Fluss von den ersten Wanderkilometern auf der Bärenrunde erholen können.

Unterwegs zum Campingplatz Oulanka-Nationalpark

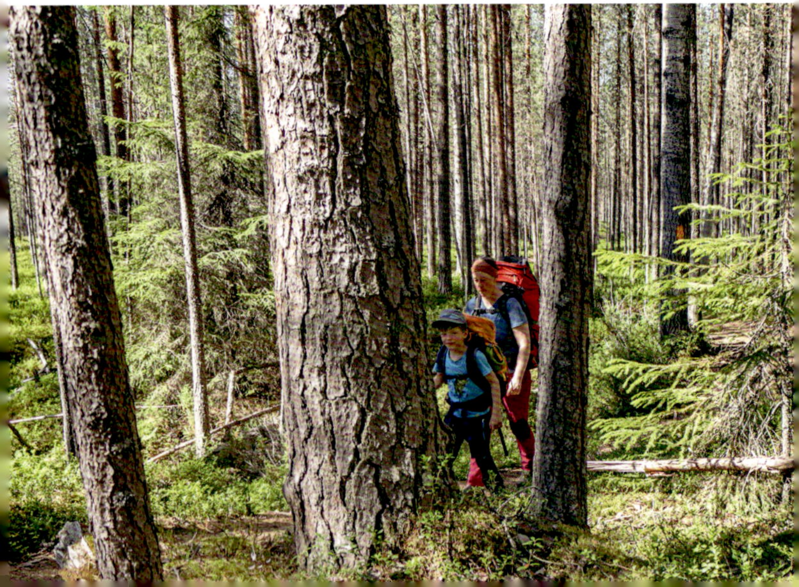

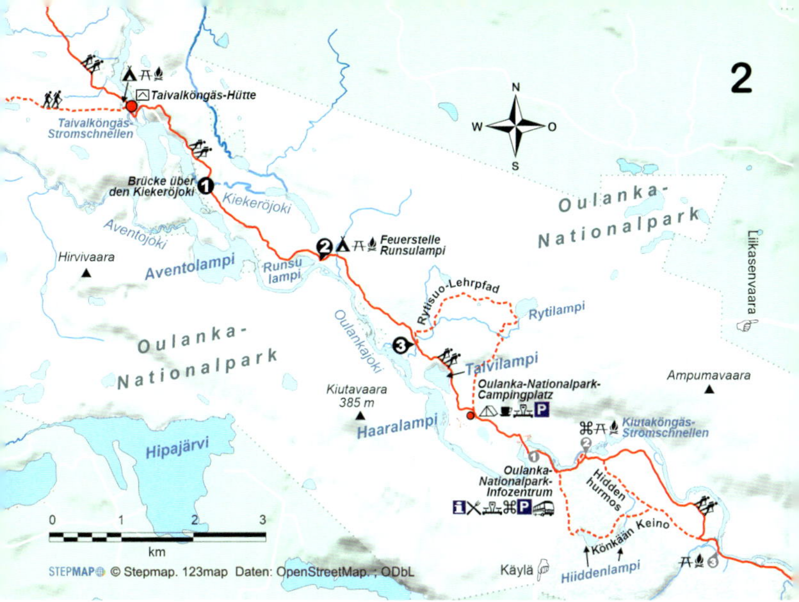

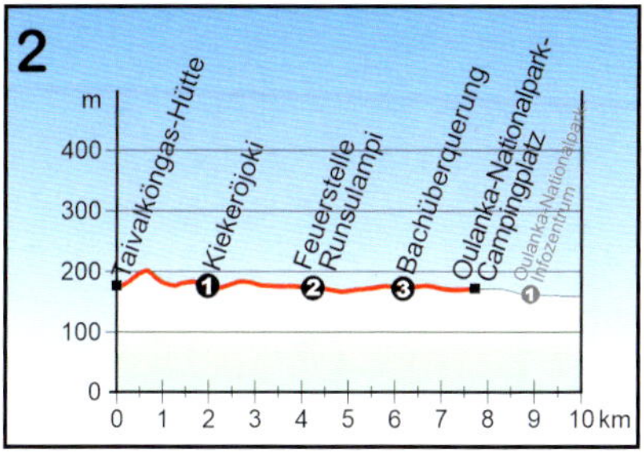

Hinter der Hütte passieren Sie die rauschenden Wassermassen der Taivalköngäs-Stromschnellen auf einer Hängebrücke und gelangen auf eine erste kleine Insel im Fluss. Eine kürzere Brücke bringt Sie auf eine zweite, größere Insel und an deren Ende erreichen Sie über die dritte, knapp 30 m lange Hängebrücke das Ostufer des **Oulankajoki**.

Hier geht es zunächst kurz steil bergauf, dann wird der Weg breit und sehr einfach zu laufen. Er führt durch ein wild anmutendes, dicht bewachsenes Waldstück. Das Auge entdeckt links und rechts des Weges moosbewachsene Baumstümpfe, Ameisenhaufen und Flechten, die wie Lametta von den Ästen der Bäume hängen. Vom Sturm gefällte Fichten und Kiefern recken die zerfransten Stämme in den Himmel oder sind komplett umgestürzt und offenbaren nun den mächtigen Wurzelteller und die feinen Haarwurzeln.

Vermodernde Stämme, abblätternde Rinde und kleine, junge Bäume erzählen die immerwährende Geschichte vom Werden und Vergehen in einem gesunden Wald.

Das grüne Polster am Boden entpuppt sich beim genaueren Hinsehen als ein Mosaik aus Krähen-, Vogel- und Preiselbeeren, Moos und Flechten. Bei gutem Wetter schillert im Hintergrund der **Oulankajoki** in der Sonne.

Nach etwa 1,5 km macht der Weg einen Schlenker und Sie laufen zur Brücke über den Bach **Kiekeröjöki** ❶. Auf der anderen Seite geht es nun wieder parallel zum **Oulankajoki** weiter.

Der Weg wird breiter und der Boden sandiger. Palisadenartig reihen sich Kiefern Stamm an Stamm.

Rund 2,3 km nach der Kiekeröjöki-Brücke führt der Pfad zur schönen Zelt- und Feuerstelle zwischen dem Tümpel **Runsulampi** und einer Flussbiegung des Oulankajoki mit einem imposanten Sandufer ❷.

Danach wird das Gelände leicht hügelig. Die dicht an dicht wachsenden jungen Bäume am Wegesrand vermitteln Ihnen das Gefühl, durch ein überdimensionales Maisfeld zu laufen, wären dazwischen nicht überall die schwarzen, verkohlten Stümpfe. Waldbrände, die durch Blitzschlag auf natürliche Weise entzündet werden, kommen auf dem Gebiet des Nationalparks etwa einmal pro Jahrhundert vor.

Campingplatz Oulanka-Nationalpark

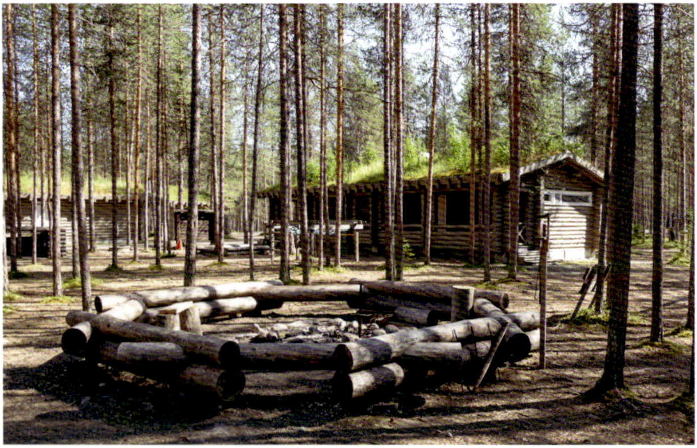

Der Pfad verläuft parallel zum **Oulankajoki** in südöstliche Richtung. Sie überqueren ein Bächlein ❸ und laufen am Nordufer des **Talvilampi** weiter. Der Weg wird von einer lichten Fichtenvegetation gesäumt und Sie erreichen den Parkplatz mit der Zufahrt zum ⛺ Campingplatz des Nationalparks.

⛺ Campingplatz Oulanka-Nationalpark (Oulangan kansallispuiston leirintäalue), Liikasenvaarantie 137, 93999 Kuusamo, ☎ +358/44/740 00 01, 💻 http://www.oulankacamping.f, 1.6. bis 31.8., Camping: Übernachtung € 15/Zelt, Hütten € 50, . Der weitläufige, naturbelassene Campingplatz des Oulanka-Nationalparks- bietet Platz für 110 Zelte sowie 20 Wohnmobile oder Wohnwagen und verfügt über 10 komfortable, gut ausgestattete Hütten für jeweils 4 Personen. In der Rezeption gibt es ein kleines Café und einen recht gut sortierten Shop. Highlight ist aber zweifellos die buchbare Sauna (€ 15 für 5 Personen/50 Minuten) am Ufer des Oulankajoki, der sich hier zum kleinen See Haaralampi erweitert.

☺ Eine interessante Möglichkeit ist es, die Wanderung auf der Bärenrunde mit einer Kanutour auf dem Oulankajoki zu verbinden (☞ Kanutouren, Tour 1). Sie können am Campingplatz ein Boot mieten, eine Tagestour auf dem Oulankajoki machen und sich abends von der Aussatzstelle abholen und zum Campingplatz zurückbringen lassen.

Naturlehrpfade/Tageswanderungen/Keroharjuroute

Direkt am Campingplatz startet der etwa 5 km lange **Rytisuo-Lehrpfad**. Tafeln informieren über die Geschichte des Nationalparks, Entwicklung der Landwirtschaft und über Flora und Fauna des Gebiets. Am Infoboard vor dem Campingplatz hängt ein Barcode aus, mit dem Sie sich die englischsprachige Broschüre als PDF-Datei auf Ihr Smartphone herunterladen können.

Weitere Möglichkeiten zu kürzeren Tageswanderungen bieten der etwa 5 km lange, markierte Rundkurs **Hidden hurmos** oder die 8 km lange Runde **Könkään Keino**, die am Infozentrum starten und durch charakteristische Abschnitte des Nationalparks führen.

Die **Keroharjuroute** ist 17 km lang und verläuft auf einem eiszeitlichen Moränenrücken durch die charakteristischen Moore im Norden des Oulanka-Nationalparks.

Sie beginnt an einer ehemaligen Grenzwachstation am See Niitselysjärvi und führt dann durch kiefernbestandene Waldmoore, die Heimat von Kranich und zahlreichen Watvogelarten sind, und kleine, bewaldete Höhenrücken. Auf halber Strecke können Sie in der Keroharju-Hütte übernachten. Der Wanderweg endet an der Straße von Isokuusiko in der Nähe des Kiutaköngäs-Informationszentrums. Start- und Endpunkt sind nicht mit öffentlichen Verkehrsmitteln zu erreichen.

3. Etappe: Campingplatz Oulanka-Nationalpark – Jussinkämppä

16,5 km, 5 Std., ↑ 220 m, ↓ 120 m, ⇧ 150 m-280 m

0,0 km	⇧ 170 m	Campingplatz Oulanka-Nationalpark
1,2 km	⇧ 160 m	Oulanka-Nationalpark-Infozentrum
2,0 km	⇧ 160 m	Kiutaköngäs-Stromschnellen ⌘
4,8 km	⇧ 155 m	Merenoja
8,6 km	⇧ 150 m	Treppe zur Ansakämppä-Übernachtungshütte
11,5 km	⇧ 230 m	Kulmakkopuro
16,5 km	⇧ 260 m	Jussinkämppä-Übernachtungshütte

Vom Campingplatz ist es nur ein kurzer Spaziergang zum Infozentrum des Nationalparks mit einer kleinen Ausstellung sowie einer Cafeteria. Wenige Schritte weiter haben die mächtigen Kiutaköngäs-Stromschnellen eine beeindruckende Schlucht in die roten Felsen geschnitten. Anschließend führt der Weg durch trockenen Kiefernwald hinab zum Rastplatz an der Mündung des Merenoja-Bachs in den Oulankajoki mit üppig grünem Unterwuchs. Anschließend geht es hoch oben auf dem Steilufer mit tollen Panoramablicken über weite Flussschleifen weiter bis zur Ansakämppä-Übernachtungshütte. Bald darauf kehrt die Bärenrunde dem Oulankajoki den Rücken und am Etappenziel wartet am Seeufer des Kulmakkojärvi die Jussinkämppä-Übernachtungshütte.

Von der Campingplatz-Rezeption kommend halten Sie sich auf dem Parkplatz rechts und folgen dem Pfad durch den lichten Kiefernbestand, bis Sie nach etwa 700 m auf die aus Richtung Käylä kommende Straße treffen. Auf der gegenüberliegenden Seite liegen die Gebäude der biologischen Forschungsstation des naturwissenschaftlichen Instituts der Universität Oulu.

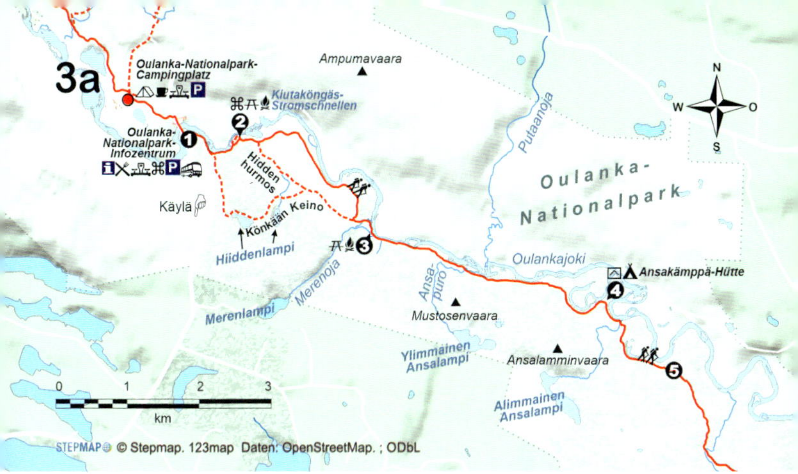

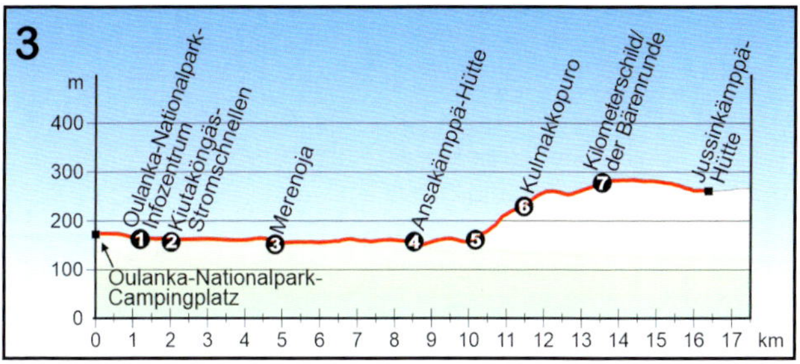

Ihre Aufgabe ist die wissenschaftliche Erforschung der Wälder, Sümpfe, Gewässer sowie der Luft. Ein wichtiges Projekt ist die Kontrolle der Luft- und Wasserqualität und die Überwachung von Umweltveränderungen. Weitere Forschungsschwerpunkte sind u. a. die Entstehung bzw. Veränderung des **Oulankajoki-Flusstals**, die Bestandsaufnahme der Flora und Fauna, das Produktionsniveau von Fichtenwäldern und die Folgen der Waldaufsplitterung für Vögel. Außerdem berät die Forschungsstation die Forstverwaltung bei der Pflege und Nutzung des Nationalparks, z. B. bei der Anlage von Naturlehrpfaden.

Sie folgen der Straße nach rechts, überqueren den Oulankajoki auf einer Brücke – bis 1939 setzte man hier mit einer Fähre über – und erreichen etwa 200 m weiter den Parkplatz des Oulanka-Nationalpark-Infozentrums ❶.

Oulanka-Nationalpark-Infozentrum, Liikasenvaarantie 132, 93999 Kuusamo, +358/206/39 68 50, oulanka@metsa.fi, www.nationalparks.fi/en/oulankavisitorcentre, in der Saison täglich geöffnet, von November bis Januar So und Mo geschlossen, Ausstellung, Bibliothek. Im Infozentrum serviert das Restaurant Ravintola Talonpöytä kleine Snacks wie Suppen und (Rentier-)Burger.

Das Oulanka-Nationalpark Infozentrum und der Campingplatz sind nur sehr eingeschränkt mit dem Bus erreichbar. Der Karhunkierros-Bus verkehrt an Schultagen von Kuusamo via Ruka, Juuma, Käylä, Ristikallio und Hautajärvi. Je nach Jahreszeit bestehen seltene Anschlussmöglichkeiten Richtung Oulanka-Nationalpark. Am besten kontaktieren Sie das Infozentrum, um die aktuellen Abfahrtszeiten zu erfragen.

Am Informationszentrum vorbei geht es am Westufer des **Oulankajoki** auf der Bärenrunde weiter. Nach rund 700 m erreichen Sie den Abzweig zu den ⌘ **Kiutaköngäs**. Auf insgesamt 600 m Länge stürzen die Wassermassen 14 m hinab. Nach der Schneeschmelze im Mai kann der Wasserspiegel so stark steigen, dass sogar die Insel überflutet wird.

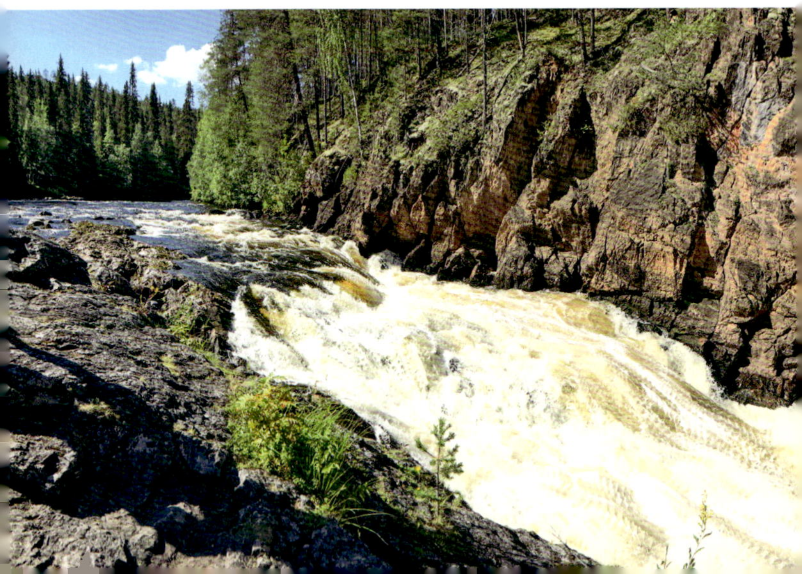

An dieser Stelle des **Oulankajoki**-Tals treffen zwei verschieden harte Gesteine aufeinander. Die steile südliche Uferwand besteht aus Quarz, die nördliche dagegen aus rötlich braunem Dolomit, dessen Farbe vom darin enthaltenen Eisen stammt. Dolomit ist weicher als Quarz und der Fluss kann hier leichter einschneiden.

Der große „Topf" am Fuß des ersten Wasserfalls ist vor 9.500 Jahren entstanden.

Punktuell konnten solche Gletschertöpfe dort entstehen, wo die erodierende Kraft des Eises alte Gesteinsmassen freilegte und das unter hohem Druck stehende Schmelzwasser sich unter den Gletschern in den Felsgrund bohrte.

Wahrscheinlich ist die **Kiutaköngäs**-Schlucht auch der erste Ort in der Region Kuusamo, der von Menschen besiedelt worden ist. Archäologen fanden hier Quarzsplitter aus der Steinzeit.

Am Ende der Stromschnelle erreichen Sie eine große, überdachte Feuerstelle ❷. Sie setzen die Wanderung am Westufer des Flusses fort, lassen den Abzweig der **Hidden-hurmos**-Rundwanderung rechts liegen und erreichen bald die idyllische Feuerstelle an der Mündung des **Merenoja** in den Oulankajoki ❸.

Kiutaköngäs

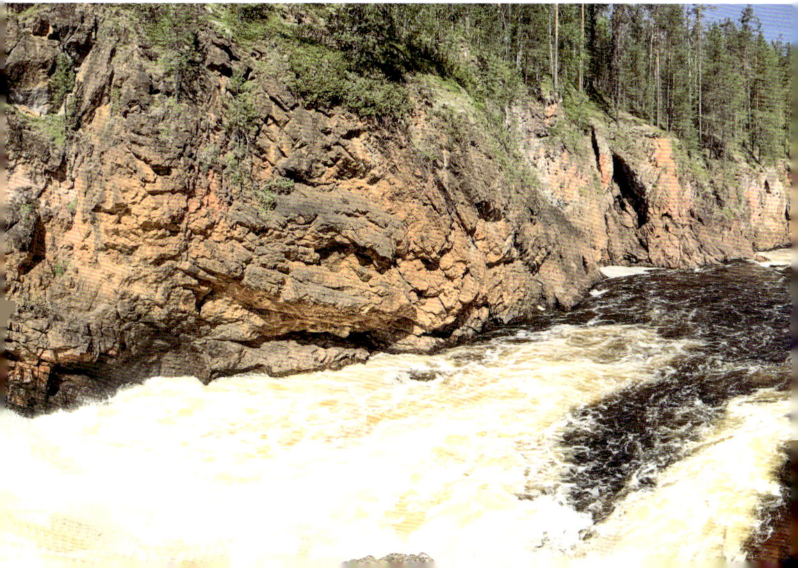

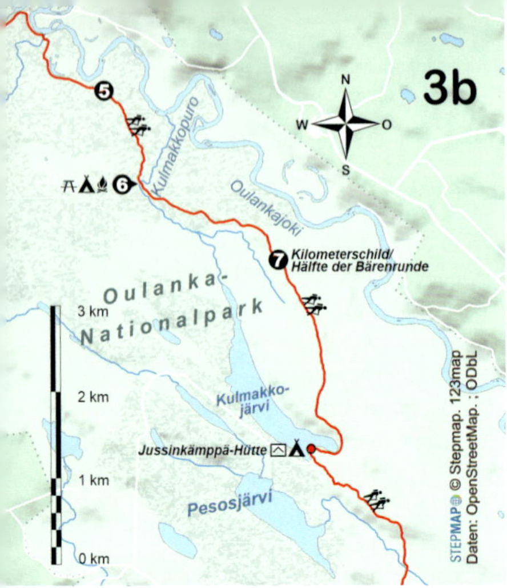

Danach geht es wieder bergauf und der Weg führt oben am Steilufer weiter.

Sie setzen den Weg oben am Steilufer mit einer imposanten Aussicht auf den sich dahinschlängelnden **Oulankajoki** fort. Schilfgürtel, feine Sand- und grobe Schotterstrände wechseln sich ab. Im Fluss liegen zahlreiche Inseln mit kleinen Tümpeln. An flachen Stellen kräuselt sich die Wasseroberfläche. Kiefern krallen sich am steil abfallenden Ufer in den Kies.

Unterwegs zwischen Ansa- und Jussinkämppä-Übernachtungsütte

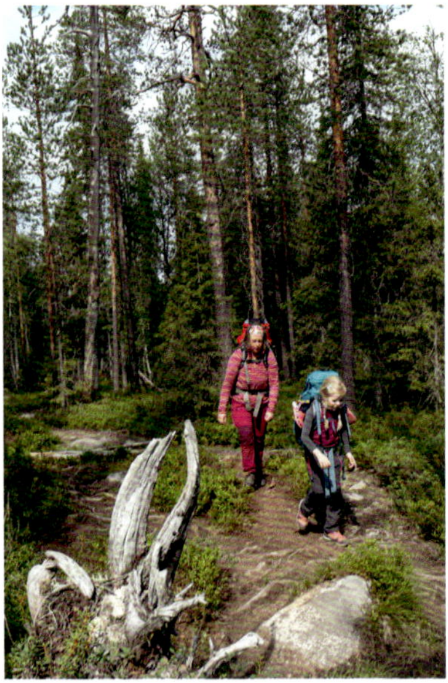

Die mächtigen Sandufer sind ein Produkt der letzten Eiszeit. Während die Gletscher abschmolzen, schichteten sie bei ihrem Rückzug mächtige Erdmassen auf, in die der Fluss sich bis heute tief eingeschnitten hat.

Auf dem Hochufer wächst ein lichter Kiefernwald mit einem Unterwuchs aus Heidekraut und Krähenbeeren. Diese Pflanzen kommen mit dem tief liegenden Grundwasser und dem nährstoffarmen Boden besonders gut zurecht.

Gut 3,5 km nach dem Merenoja-Rastplatz führen Holzstufen nach links hinab zur ⌂ Übernachtungshütte, die idyllisch auf der Landzunge eines Flussmäanders mit schönem Sandstrand steht ❹.

⊡ Ansakämppä, für ca. 20 Personen, GPS N 66°20.932' E 029°26.582'

Die Bärenrunde führt noch ein kurzes Stück das Hochufer entlang, dann knickt der Pfad nach Süden ab ❺. Nachdem Sie ein letztes Mal auf einen Mäanderbogen getroffen sind, können Sie dem **Oulankajoki** „Lebewohl" sagen. Der Weg verläuft nun in einiger Entfernung parallel zum Oulankajoki in Südost-Richtung.

Knapp 3 km hinter der Ansakämppä-Hütte bietet der ⛺ Rastplatz Kulmakkopuro ❻ eine Möglichkeit zur Pause. Danach entfernt sich der Pfad immer weiter vom Flussufer. Das nächste verrostete Kilometerschild ❼ am Wegesrand verkündet das „Bergfest" auf der Bärenrunde und zeigt an, dass Sie ab Hautajärvi im Norden bereits 41 km zurückgelegt haben und bis Ruka im Süden noch 41 km zu bewältigen sind. Der Pfad wendet sich schließlich in Richtung Süden. Es wird zusehends morastiger und anstrengender, da es beständig bergan geht. Vor Ihnen taucht der Kulmakkojärvi auf.

Sie laufen in einiger Entfernung zum Ufer um den See herum, wonach sich ein längerer Abschnitt auf einem Bohlensteg durch ein Sumpfgebiet anschließt.

An dessen Ende steigt Ihnen meist schon der Rauch aus dem Grillhäuschen oder von der Lagerfeuerstelle der ⊡ Jussinkämppä-Übernachtungshütte in die Nase. Nach einem kurzen Waldstück erreichen Sie das Etappenziel.

⊡ Jussinkämppä-Übernachtungshütte, für ca. 20 Personen,
GPS N 66°18.207' E 029°31.131'

4. Etappe: Jussinkämppä – Siilastupa

➲ 14,6 km, ⌛ 5 Std. 30 Min., ↑ 200 m, ↓ 300 m, ⇧ 140 m-265 m

0,0 km	⇧ 260 m	Jussinkämppä-Übernachtungshütte ⊡ ⛺
4,8 km	⇧ 142 m	Ylikota
5,4 km	⇧ 147 m	1. Unterstand Kitkajoki ⊠
5,8 km	⇧ 150 m	2. Unterstand Kitkajoki ⊠
10,3 km	⇧ 188 m	Kreuzung Kleine Bärenrunde
10,7 km	⇧ 183 m	Harrisuvanto-Unterstand ⊠
14,6 km	⇧ 212 m	Siilastupa-Übernachtungshütte ⊡ (⛺)

Die vierte Etappe hat es trotz überschaubarer Länge in sich. Zunächst geht es von der Übernachtungshütte bergab ins Tal des Kitkajoki. Auf den folgenden 5 km laufen Sie dann immer direkt am Flussufer entlang und der Weg ist zum Teil sehr schmal und mit Baumwurzeln übersät. Auf dem letzten Teil der Etappe treffen Sie dann auf die „Kleine Bärenrunde" und auf dem breit ausgebauten Wanderweg sind keine Probleme mehr zu erwarten, sodass die verbleibenden Kilometer bis zum Etappenziel leicht zu laufen sind.

Von der Hütte aus geht es zunächst am Ufer weiter, dann entfernen Sie sich in südöstliche Richtung vom See. Es geht beständig und bisweilen steil bergab und knapp 5 km hinter der Jussinkämppä treffen Sie auf die ⛺ **Ylikota** am Ufer des **Kitkajoki**, einen Unterstand mit quadratischem Grundriss, pyramidenförmigem Dach und einer Feuerstelle in der Mitte ❶.

Zentrum der traditionellen Kota war der Herd, der aus einem Ring flacher Steine bestand. Darüber hing eine Eisenkette mit Haken, an denen Kochkessel oder Rentierfleisch aufgehängt werden konnten. Das Zelt war in verschiedene Räume aufgeteilt. Die Mitte wurde durch zwei parallele Baumstämme vom Rest des Zeltes getrennt. Die Fläche vom Türpfosten bis zum Herd war der *uksa*, ein Vorratsraum für Feuerholz. Hinter dem Herd befand sich die Küche, *boasso* genannt.

Die Räume außerhalb der Stämme waren die Wohn- und Schlafräume (*laido*), deren Böden mit einer dicken Schicht aus Kiefern- und Birkenzweigen ausgelegt waren. Geschlafen wurde auf Rentierfellen.

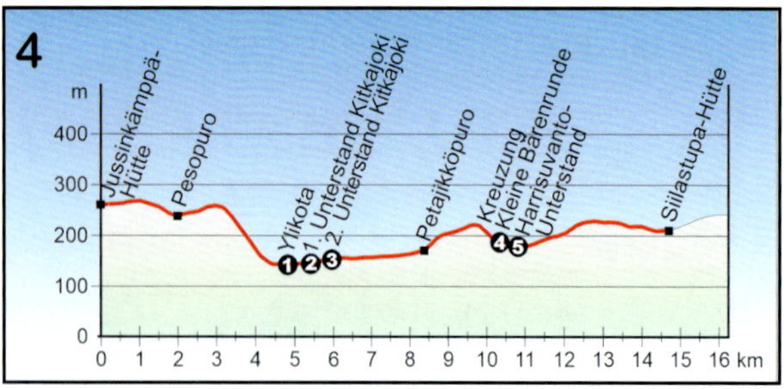

Es gibt auch eine Recycling-Station, an der Sie den bislang angefallenen Müll entsorgen können, und der Pfad geht hinter der Ylikota weiter und verläuft nun am Nordufer des **Kitkajoki** entlang.

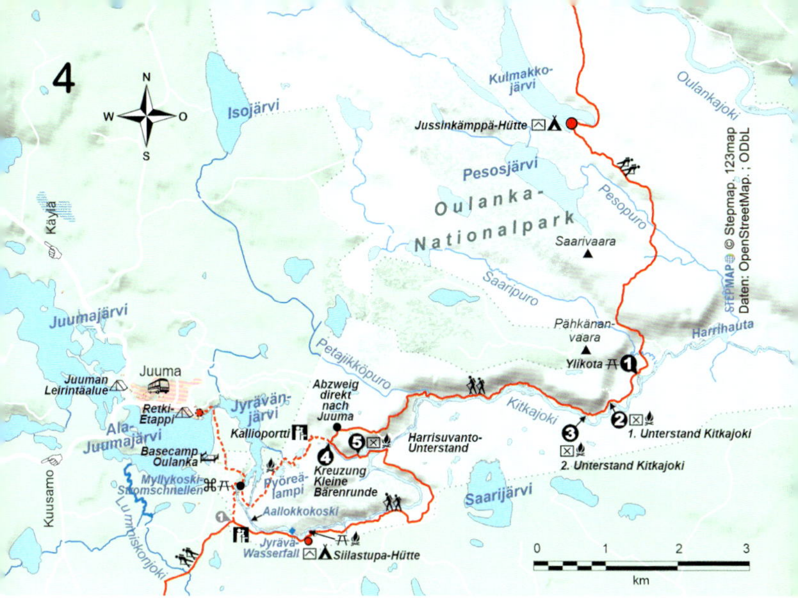

Kurz hinter der Kota folgt ein erster ☒ Laavu mit Feuerstelle ❷ und wenig später ein zweiter ❸.

Entlang des **Kitkajoki** ist es schwierig und anstrengend zu laufen. Der Weg ist schmal, außerdem erschweren zahlreiche Baumwurzeln und Steine das Vorankommen. Es geht durch üppige Vegetation am Flussufer und über Geröllhalden. Entwurzelte Bäume, die den Kampf gegen die Schwerkraft am Steilufer verloren haben, liegen quer über dem Weg. Wenige Meter daneben rauscht der **Kitkajoki** in die entgegengesetzte Richtung. Auf der gegenüberliegenden Seite türmt sich das andere felsig graue, höhere Ufer auf.

Knapp 2 km hinter dem zweiten Laavu treffen Sie auf den **Petajikköpuro** und der Pfad führt Sie über einen steilen Anstieg aus dem Flusstal heraus. Es geht durch einen Wald mit vielen abgeknickten Bäumen und nach weiteren knapp 1,5 km kommen Sie an eine Kreuzung.

↳ Auf dem Pfad nach rechts können Sie auf einer Strecke von 3 km direkt nach Juuma wandern, was aber nicht zu empfehlen ist, da das Dorf nicht direkt an der eigentlichen Bärenrunde liegt und Sie so einige der schönsten Naturschönheiten der Tour verpassen.

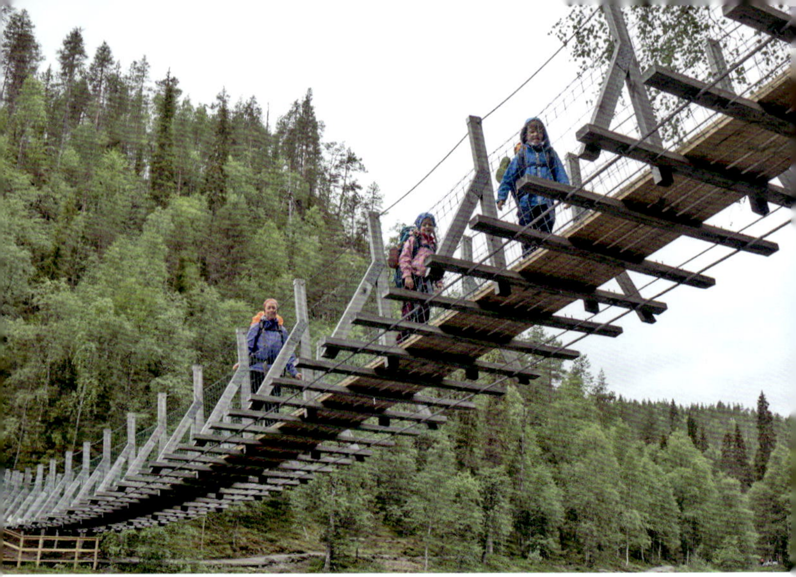

Hängebrückke hinter dem Harrisuvanto-Unterstand

Die Wanderung auf der Bärenrunde setzen Sie nach links fort und steigen über zahlreiche (bei nasser Witterung sehr rutschige!) Treppen und Bohlenstege hinab und treffen unten im Tal auf die Kreuzung mit der Kleinen Bärenrunde ❹ („Pieni Karhunkierros", grün markiert), die stark von Tagestouristen frequentiert wird.

Sie haben nun die Wahl zwischen zwei Möglichkeiten. Nach rechts wandern Sie vorbei an den ⌘ Myllykoski-Stromschnellen zum ⛺ Retki-Etappi in Juuma (☞ eine weitere Möglichkeit, mit einem kurzen Abstecher von der Bärenrunde dorthin zu gelangen, bietet sich zudem auf der 5. Etappe). Nach links gelangen Sie entlang des Südufers des Kitkajoki zum Jyrävä-Wasserfall und der ⌂ Siilastupa-Übernachtungshütte.

↳ Wenn Sie sich an der Kreuzung der Kleinen Bärenrunde nach rechts wenden, laufen Sie in südwestlicher Richtung auf einem Waldweg leicht bergan und erklimmen auf 294 Stufen die natürliche Aussichtsplattform Kallioportti mit einem grandiosen Panoramablick. Anschließend geht es bergab und auf einem Bohlensteg umrunden Sie eine weite Moorfläche und erreichen eine Feuerstelle am Pyöreälampi. Über eine leicht zu laufende Strecke erreichen Sie über eine Hängebrücke die Myllykoski-Stromschnellen und eine Rasthütte.

An den Myllykoski-Stromschnellen können Sie entweder rechts weiter nach Juuma laufen (Infos zu Juuma ☞ S. 82), um die Tagesetappe auf einem Zeltplatz oder im Retki-Etappi zu beenden, oder Ihren Weg nach links auf der Kleinen Bärenrunde fortsetzen, die kurz darauf wieder auf den Hauptweg trifft (☞ 5. Etappe, S. 81).

Laufen Sie an der genannten Kreuzung mit der Kleinen Bärenrunde dagegen nach links, so bringt Sie ein breit ausgebauter Wanderweg an eine große, überdachte Feuerstelle, einige Schritte weiter liegt der ☒ Harrisuvanto-Laavu ❺ an einer seeartig erweiterten Bucht des Kitkajoki.

Anschließend überqueren Sie den Fluss auf einer Hängebrücke und laufen auf einem gut ausgebauten Wanderweg durch den Wald. Rechts unter Ihnen rauscht der Kitkajoki und Sie erreichen erst die Feuerstelle und dann die Siilastupa-Hütte mit großartiger Aussicht auf den Jyrävä-Wasserfall. In der Hochsaison sind die etwa 12 Liegeplätze auf den Pritschen schnell belegt und leider sind auch ebene und freie Flächen, die sich zum Zeltaufbau eignen würden, rar gesät.

Siilastupa-Übernachtungshütte, für ca. 12 Personen,
GPS N66°15.242' E 029°26.208'

Blick auf den Jyrävä-Wasserfall

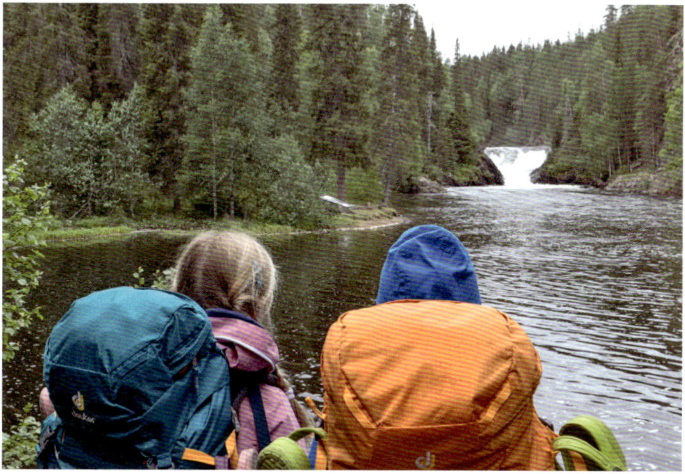

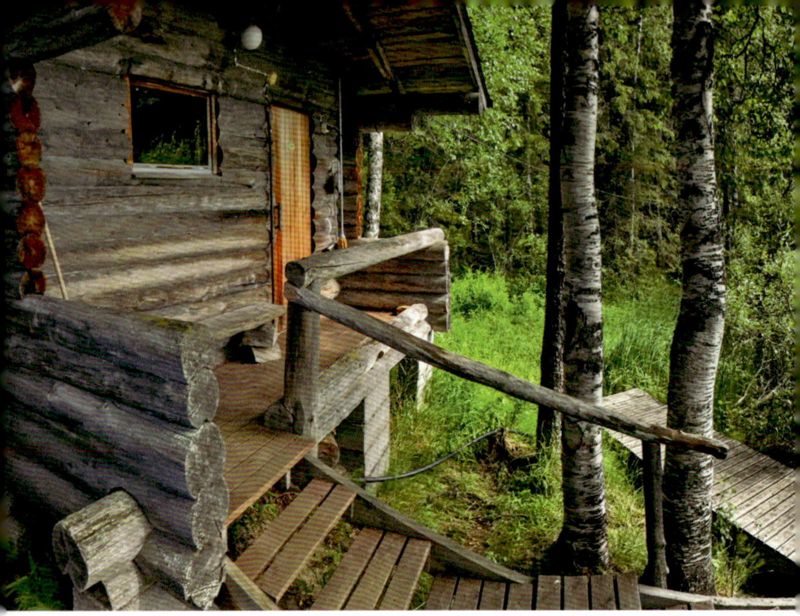

5. Etappe: Siilastupa – Porontimajoki

➲ 8,4 km, ⌛ 2 Std. 15 Min., ↑ 210 m, ↓ 25 m, ⇧ 210 m-320 m

0,0 km	⇧ 212 m	Siilastupa-Übernachtungshütte ⌂ ⛺
4,1 km	⇧ 250 m	Puurosuonlaavu ☒
8,4 km	⇧ 320 m	Porontimajoki-Übernachtungshütten ⌂ ☒

Bald hinter der Siilastupa-Hütte erreichen Sie die Grenze des Oulanka-Nationalparks. Ein Abstecher nach Juuma wird mit den eindrucksvollen Myllykoski-Stromschnellen und der Möglichkeit zur Einkehr belohnt. Der weitere Weg zu den Porontimajoki-Hütten führt ohne Schwierigkeiten auf breitem, einfach zu laufendem Weg durch ein Forstgebiet.

Nach der Siilastupa geht es am Ufer des **Kitkajoki** weiter. Am **Jyrävä**-Wasserfall führt eine Holztreppe nach oben und Sie laufen am Steilufer weiter.

Ausblick auf die **Aallokkokoski**

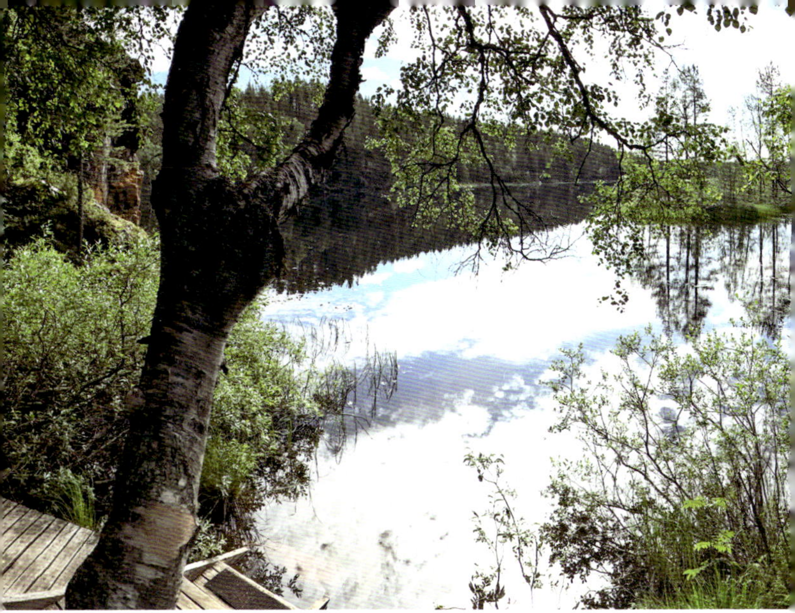

Sauna am Retki-Etappi

Danach entfernt sich der Pfad in nordwestliche Richtung vom *Kitkajoki* und Sie treffen auf eine größere Wegkreuzung mit einer Recycling-Station zur Müllentsorgung ❶. Für die Fortsetzung der Tour auf der Bärenrunde in Richtung Ruka wenden Sie sich nach links. Die Wegvariante nach rechts führt auf der Kleinen Bärenrunde über die ⛩ Myllykoski-Stromschnellen zum ⛺ Retki-Etappi in Juuma.

↳ Die Kleine Bärenrunde ist einen Abstecher wert. Die rauschenden Wassermassen an den Myllykoski-Stromschnellen sind sehr beeindruckend und auf dem Weg in Richtung Juuma eröffnet das Basecamp Oulanka die Möglichkeit zur komfortablen Übernachtung oder der Einkehr im Restaurant. Am Endpunkt der kleinen Bärenrunde lockt das Retki-Etappi mit einem kleinen Café zur Einkehr und der angeschlossene Campingplatz bietet Sauna, heiße Duschen und eine Hüttenvermietung. Wer Wanderstiefel gegen Schwimmweste tauschen möchte, hat darüber hinaus die Gelegenheit zu einer spritzigen Raftingtour auf dem Kitkajoki.

Juuma

Basecamp Oulanka, Myllykoskentie 30, 93999 Kuusamo, ☏ +358/400/50 97 41, www.basecampoulanka.fi, Doppelzimmer ab € 100/Nacht

Retki-Etappi, Juumantie 134, 93999 Kuusamo, ☏ +358/40/565 34 74, www.retkietappi.fi, 1.6.-30.9., Hütten ab € 25/Nacht, Zelt inkl. 2 Personen ca. € 15, Sauna,

♦ Juuman Leirintäalue, Riekamontie 1, 93999 Kuusamo, ☏ +358/44/272 78 72, www.juumanleirintaalue.fi, Camping und Café 1.6. bis 30.9., Hüttenvermietung ganzjährig, Hütten € 20/Nacht bis € 60/Nacht, Zelt inkl. 2 Personen ca. € 15, Sauna,

Stella Polaris Adventures, Juumantie 134, 93999 Kuusamo, ☏ +358/40/843 34 25, www.stellapolaris.fi, info@stellapolaris.fi, täglich Raftingtouren ab € 40

1 x täglich nach Kuusamo, nur an Schultagen und nur im Sommer, Abfahrtszeiten unter ☏ +358/201/303520

Das kleine, ländliche Dorf **Juuma** liegt in einer idyllischen Seen- und Hügellandschaft. Als Ausgangspunkt für Wanderungen zum **Jyrävä**-Wasserfall oder zu den **Myllykoski**-Stromschnellen lockt es viele Tagesausflügler an. Dementsprechend voll wird es in der Gegend um Juuma.

Sie können Ihren Proviant im Retki-Etappi auffüllen und einen Imbiss einnehmen. Nachdem Sie sich ausreichend gestärkt haben, geht es bis zur bereits bekannten Kreuzung ❶ zurück, an der die Hauptroute von der Kleinen Bärenrunde abzweigt.

Sie verlassen nun den Nationalpark Oulanka und schlagartig ändert sich das Landschaftsbild, denn hier wird der Wald wirtschaftlich genutzt.

Mit einer 1749 durchgeführten provisorischen Flurbereinigung begann der Holzeinschlag auch im Gebiet des heutigen Nationalparks. Besonders um die Jahrhundertwende kam es zu vermehrten Holzeinschlägen. Die Stämme wurden zum **Oulankajoki** geschleift, um dann zu den Sägewerken geflößt zu werden.

1920 war die Flurbereinigung abgeschlossen und 1956 wurde der Nationalpark gegründet. Seit dieser Zeit haben keine Holzeinschläge mehr auf dem Gebiet des Parks stattgefunden. Der Unterschied zu den umgebenden Wäldern, die auch nach den 50er-Jahren noch genutzt wurden, tritt auf Luftbildern deutlich zutage: Der Nationalpark erscheint darauf als eine Waldinsel. Trotzdem gibt es keine Stelle, an der noch nie die Axt gewirkt hat.

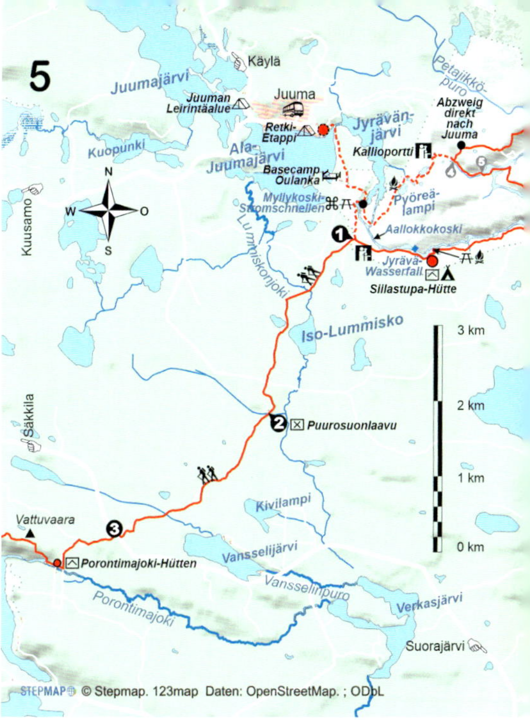

Sie laufen nun auf einem breiten, geschotterten Pfad durch den noch jungen Baumbestand in Richtung Südwesten und etwa 1,7 km nach dem Abzweig von der Kleinen Bärenrunde bringt Sie eine Bohlensteg durch die sumpfige Niederung zwischen dem **Iso-Lummisko** und einem kleinen benachbarten See hindurch.

Nachdem Sie einen Feldweg überquert haben, gelangen Sie an den Puurosuonlaavu mit ☒ zwei Unterständen an einem kleinen Bächlein ❷.

Danach geht es auf einem deutlichen Pfad durch Aufforstungsflächen mit jungen Kiefern und niedrigen Birken und auf Bohlenstegen über Sumpfflächen. Schließlich erreichen Sie eine breite Schotterpiste, auf der Sie für gut 300 m weiter geradeaus laufen. Dann zweigen die orangefarbenen Markierungen nach rechts ab und nach knapp 1,5 km überqueren Sie eine breite Schotterstraße ❸.

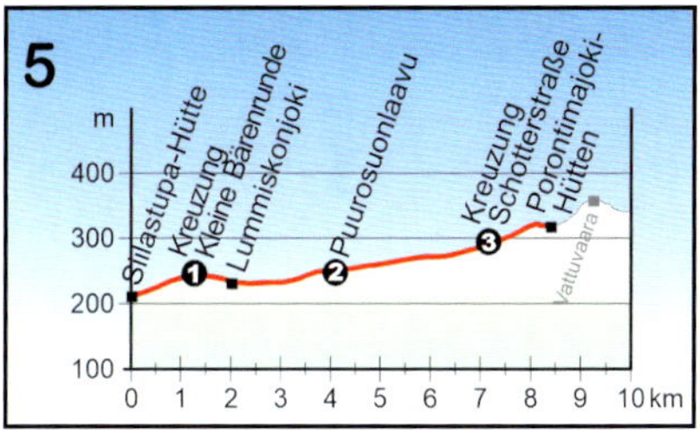

Gut 1 km weiter gelangen Sie an eine größere Wegkreuzung (geradeaus führt eine Holzbrücke über den Porontimajoki) und halten sich rechts, um wenige Hundert Meter weiter die ⌂ beiden kleinen, gemütlichen Hütten am Porontimajoki und einen ☒ Unterstand zu erreichen.

☺ Dank Solarzellen können Sie hier sogar Ihr Smartphone aufladen.

⌂ ☒ Porontimajoki-Hütten, 2 Hütten für insgesamt ca. 10 Leute und Unterstand, GPS N 66°13.035' E 029°19.342'

Porontimajoki-Hütten

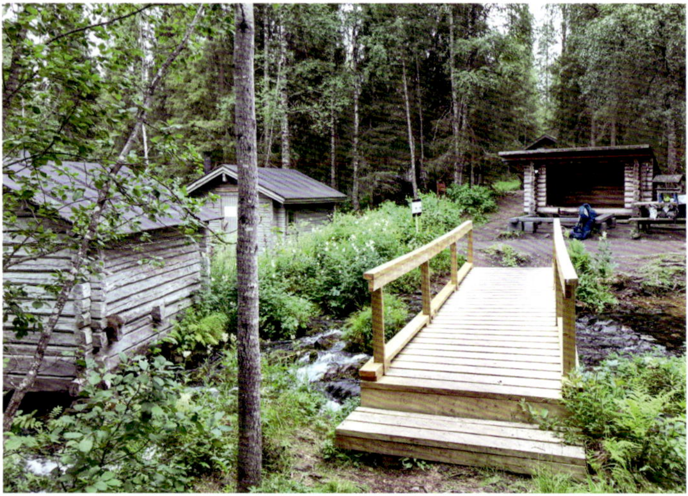

6. Etappe: Porontimajoki-Übernachtungshütte – Ruka

15,7 km, 5 Std. 30 Min., ↑ 514 m, ↓ 437m, ⇧ 320 m-465 m

0,0 km	⇧ 320 m	Porontimajoki-Übernachtungshütten ⌂ ☒
3,7 km	⇧ 350 m	Kumpuvaaran Laavu ☒
5,2 km	⇧ 386 m	Picknicktisch
10,1 km	⇧ 416 m	Unterstand am Suolampi ☒
12,1 km	⇧ 465 m	Valtavaara (Rasthütte)
13,1 km	⇧ 424 m	Unterstand am Valtavaaranlampi ☒
15,7 km	⇧ 388 m	Ruka

Die größten Anstrengungen hebt sich die Bärenrunde für die letzte Etappe auf. Und das liegt weniger daran, dass Sie bereits über 60 Wanderkilometer in den Beinen haben, sondern am anspruchsvollen Höhenprofil. Auf den letzten Kilometern geht es beständig auf und ab und die Steigungen sind zum Teil beträchtlich. Erst will der Konttainen- und dann der rund 500 m hohe Valtavaara-Gipfel bezwungen werden. Belohnt wird die Kletterei mit eindrucksvollen Panoramablicken, bevor die Bärenrunde am Fuß des Rukatunturi-Höhenzugs im Zentrum von Ruka endet.

Von den Porontimajoki-Hütten laufen Sie am Flussufer weiter leicht bergan zu einem See und anschließend bringt Sie eine Treppe auf einen Höhenzug. Oben laufen Sie dann nach links weiter. Der Weg ist hügelig und wird zu beiden Seiten von einem lichten, niedrigen Wald begleitet. Etwa 2,7 km nach dem Etappenstart treffen Sie auf eine Schotterpiste, auf der Sie nach rechts weiterlaufen und die Wanderung für knapp 1 km bis zu einem roten Schlagbaum fortsetzen.

Direkt dahinter biegen Sie links ab und erreichen den ⌂ Laavu mit Feuerstelle am **Kumpuvaara ❶**. Vom Laavu aus überqueren Sie den Feldweg und beginnen den wohl anstrengendsten Abschnitt der Tour bis zum Endpunkt nach Ruka.

Rastplatz Kumpuvaara

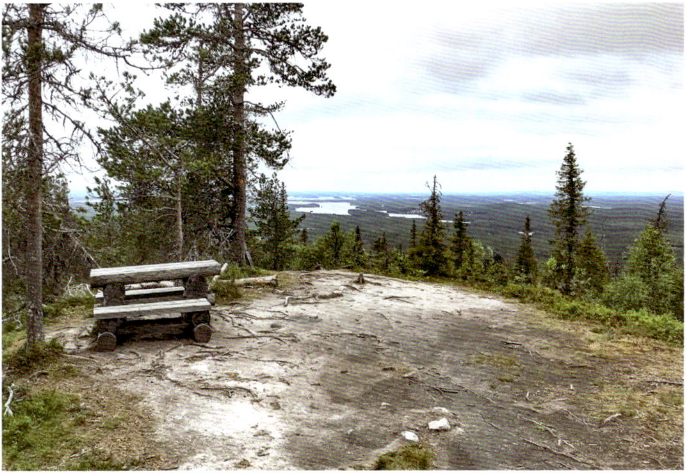

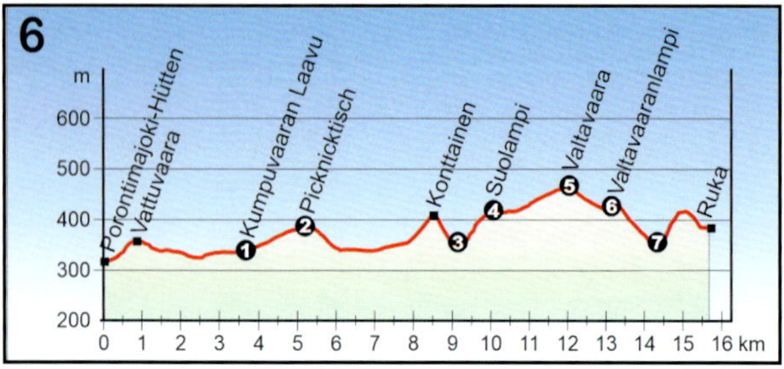

Der Weg führt Sie in einem Bogen nach Westen über den **Iso Kumpuvaara** und die Schweißtropfen auf der Stirn werden mit einem ersten Ausblick über das Mosaik aus Wald und Wasser belohnt. Eine ⩩ Picknickbank ❷ bietet die Möglichkeit zum Verschnaufen und in südwestlicher Richtung sehen Sie schon den **Konttainen**-Gipfel und dahinter das Skigebiet von Ruka mit der markanten Silhouette der Skischanze. Zunächst aber steigen Sie wieder ein paar Höhenmeter ab zu einer breiten Schotterpiste, folgen dieser für knapp 100 m und nehmen dann vor der Kurve den nach rechts abzweigenden Wanderpfad. Dieser bringt Sie auf einem Bohlensteg über eine Moorfläche.

Nachdem die nächste Schotterpiste überquert ist, beginnt der Aufstieg auf den **Konttainen**. Die letzten Höhenmeter werden durch eine Holztreppe erleichtert und oben entschädigt das Panorama für die vorangegangenen Mühen. Unter Ihnen erstreckt sich das für Finnland so typische, verzahnte Nebeneinander von Wald und Seen, gesprenkelt mit einigen Inseln und Farbklecksen der Holzhütten. Passend zum Bergszenario erklingen auch dumpfe Kuhglocken, die allerdings um die Hälse von Rentieren baumeln. Am Horizont erheben sich die sanft gerundeten Kuppen der Tunturi, (= „waldloser Berg“, ☞ Kleiner Sprachführer). Sie sind typisch für das südliche Lappland.

Auf der gegenüberliegenden Seite steigen Sie zunächst über Treppen, später über einen mit Baumwurzeln übersäten Pfad zu einer breiten Asphaltstraße ❸ bergab. Es sind nun noch gut 6,5 km bis zum Endpunkt der Bärenrunde in Ruka. Sie beginnen mit dem Aufstieg auf den **Valtavaara**. Der Pfad führt abwechselnd bergauf und bergab zum ☒ Laavu mit 🔥 Feuerstelle am Suolampi ❹. Nachdem Sie eine weitere Kuppe erklommen haben (der darauffolgende, steile Abstieg wird durch ein Halteseil erleichtert), sehen Sie den höchsten Punkt der Gemeinde Kuusamo in Form des Valtavaara-Gipfels vor sich und es ist nicht mehr weit bis zur ⩩ Valtavaaran Maja ❺.

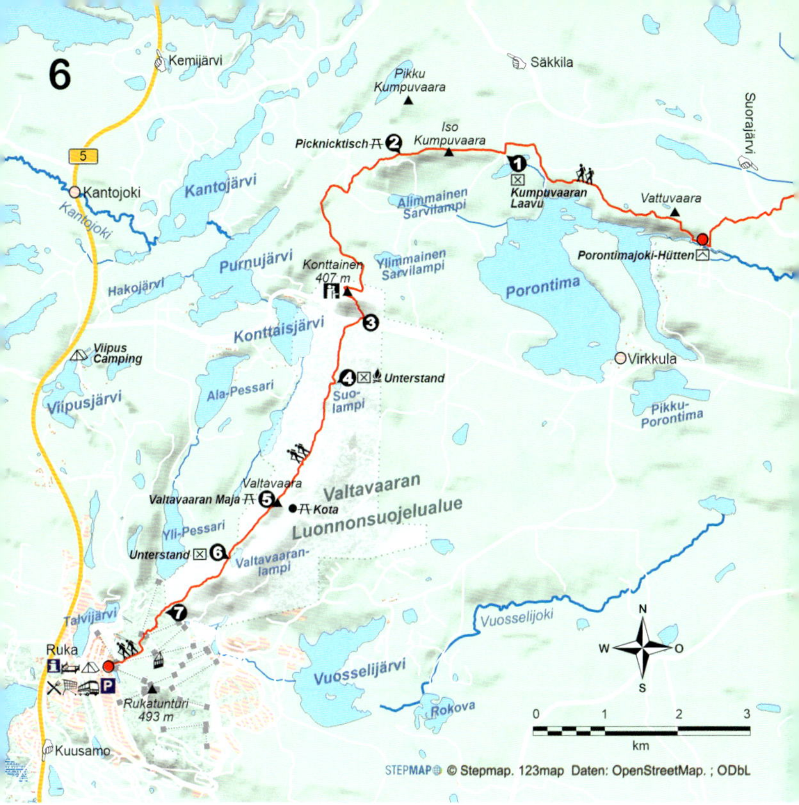

⊼ Valtavaaran Maja, kleine Rasthütte auf dem Gipfel

↳ Von der Gipfelhütte führt ein Pfad zur 200 m östlich gelegenen ⊼ Kota; dort gibt es auch Feuerholz.

Vom **Valtavaara**-Gipfel aus erblicken Sie schon das zerfurchte Ruka-Skigebiet mit der großen Sprungschanze. Sie laufen zunächst einmal bergab und passieren nach knapp 1 km den ☒ Unterstand am Valtavaaranlampi ❻.

Es geht noch einmal über Holztreppen und mit Halteseilen gesichert hinab zu einer Schotterpiste ❼ und es ist zum Abschluss noch der **Rukatunturi** zu überwinden. Für dieses letzte Stück können Sie aber getrost den Fotoapparat einpacken.

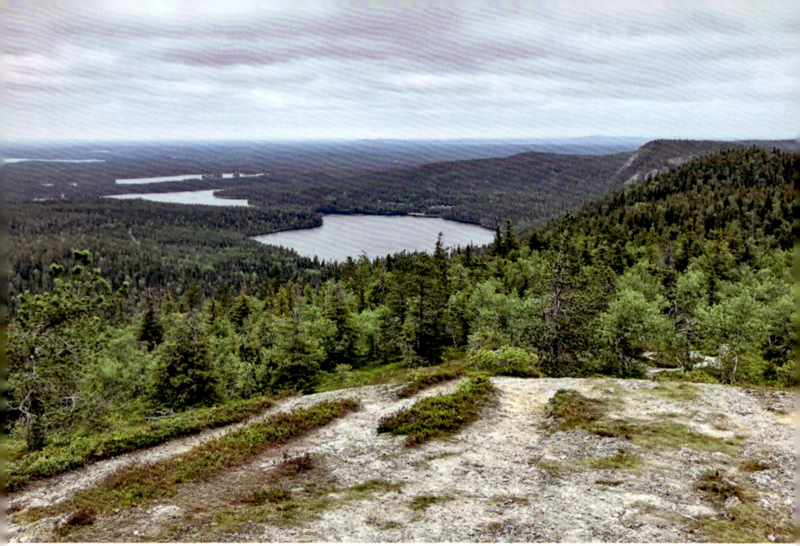

Blick vom Valtavaara in Richtung Norden

Enge Serpentinen bringen Sie parallel zur Skipiste und vorbei an Schneekanonen nach oben. Sie laufen unter einem Sessellift hindurch auf die Sprungschanze zu und daran vorbei und steigen anschließend hinab nach Ruka, wo Sie das Karhunkierros-Portal direkt neben der Talstation der Seilbahn (Ruka Gondola) ins Ortszentrum entlässt.

Ruka

- Ruka-Info im Einkaufszentrum Kumpare, ☏ +358/8/860 02 50, www.ruka.fi, tgl. 10:00-19:00
- Scandic Rukahovi, Rukankyläntie 15, 93825 Rukatunturi, ☏ +358/8/23 74 89 48, www.scandichotels.de, ganzjährig, Doppelzimmer ab € 80
- ♦ Hotel Royal Ruka, Mestantie 1, 93825 Rukatunturi, ☏ +358/400/81 98 40, FAX +358/8/868 61 00, www.royalruka.fi, ganzjährig, Doppelzimmer ab € 100
- ♦ Eine Leserempfehlung ist Willis West Saloon in Ruka, das neben günstigen Appartements auch einen Transfer zu den Startpunkten nach Hautajärvi und Ristikallio anbietet, Rukanriutta 13, 93825 Rukatunturi, ☏ +358/400/75 29 92, www.wwsaloon.com, Doppelzimmer Juni-Aug € 49, Sep und Okt € 59, Winter € 79 (Preise bei Nutzung von eigenem Schlafsack, Bettwäsche, Handtücher + € 7,50).

Eine günstige Alternative zu den Hotels sind die zahlreichen Ferienhäuser, zentrale Buchungsstelle z. B. Lomarengas, ☏ +358/306/50 25 02, www.lomarengas.fi.

Viipus Camping, Viipusjärventie 4, 93999 Kuusamo (einige Kilometer nördlich von Ruka am Viipusjärvi), ☏ +358/40/586 62 51, 5.6.-20.9., Ferienhütten für 6 Pers. ab € 55/Tag, Zelt inkl. 2 Personen ca. € 15

♦ Am Caravan-Camping (Vaunukuja 1, 93830 Rukatunturi, ☏ +358/8/860 03 00) darf man auf Nachfrage auch Zelte aufstellen (Zelt inkl. 2 Personen ca. € 15). Der Platz ist allerdings wenig idyllisch, liegt aber recht zentral und man kann täglich von 15:00-19:00 die Sauna nutzen.

Das gastronomische Angebot in Ruka ist umfangreich. Neben den genannten Hotels, die alle ein großes Restaurant oder zumindest eine Cafeteria haben, reicht das Spektrum von Restaurants mit ungewöhnlichen Spezialitäten, wie z. B. Bärenfleisch (Riipisen Riistaravintola), über Pizza (z. B. Pizzeria Ruka oder Classic Pizza Ruka) bis hin zu Fast Food (Zone).

im Zentrum mehrere Souvenir-Shops, kleinerer Supermarkt im Einkaufszentrum Kumpare im Zentrum (Mo-Sa 9:00-21:00, So 10:00-21:00) sowie großer Supermarkt außerhalb an der Fernstraße Richtung Kuusamo (Mo-Sa 8:00-21:00, So 10:00-21:00)

3 km außerhalb des Zentrums an der Fernstraße

BANK Geldautomat am Kumpare-Einkaufszentrum (Rukankyläntie 8)

FUN Rukapalvelu Oy, Rukankyläntie 13, 93825 Rukatunturi, ☏ 358/10/271 05 00, www.rukapalvelu.fi, organisiert Wanderungen, Angelausflüge, Kanu- und Rafttouren

am Ende des Parkplatzes gegenüber vom Kumpare-Einkaufszentrum, je nach Saison und Wochentag 2 bis 3 Busse nach Kuusamo, aktueller Fahrplan unter ☏ +358/2 01/30 35 20

Rukan Taksipalvelu, ☏ 06 00/41 41, www.rukataksi.fi

Ruka ist eher eine Ansammlung von unzähligen Skihotels und Après-Ski-Vergnügungsbuden als ein Dorf im klassischen Sinne. 18 Lifts und 28 Skipisten bei einem maximalen Höhenunterschied von 201 m, zwei Sprungschanzen und etwa 250 km präparierte Loipen lassen Ruka zum beliebtesten Wintersportgebiet Finnlands werden.

Den Beweis für die Beliebtheit liefern die roten „Ruka!"-Aufkleber, die sich an vielen finnischen Autos finden. Die Skisaison dauert vom ersten Schneefall im Oktober bis Anfang Mai.

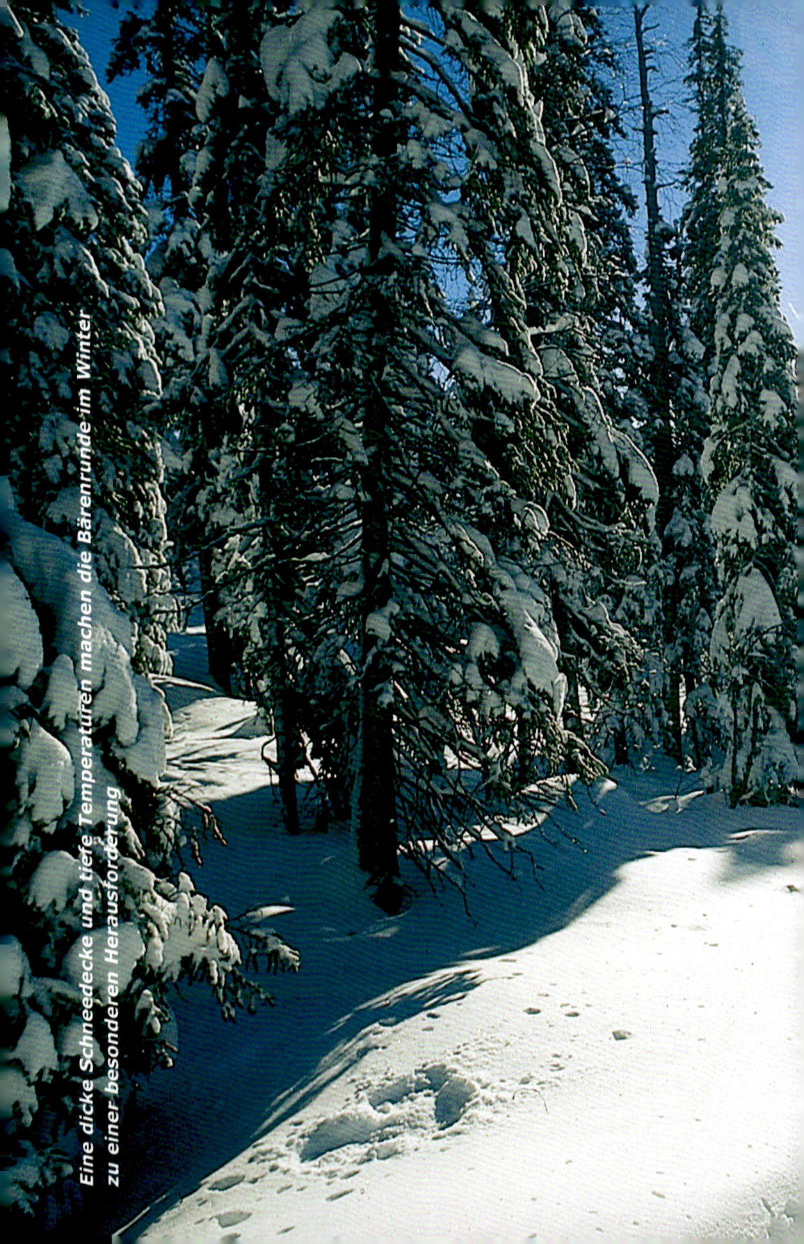

Eine dicke Schneedecke und tiefe Temperaturen machen die Bärenrunde im Winter zu einer besonderen Herausforderung

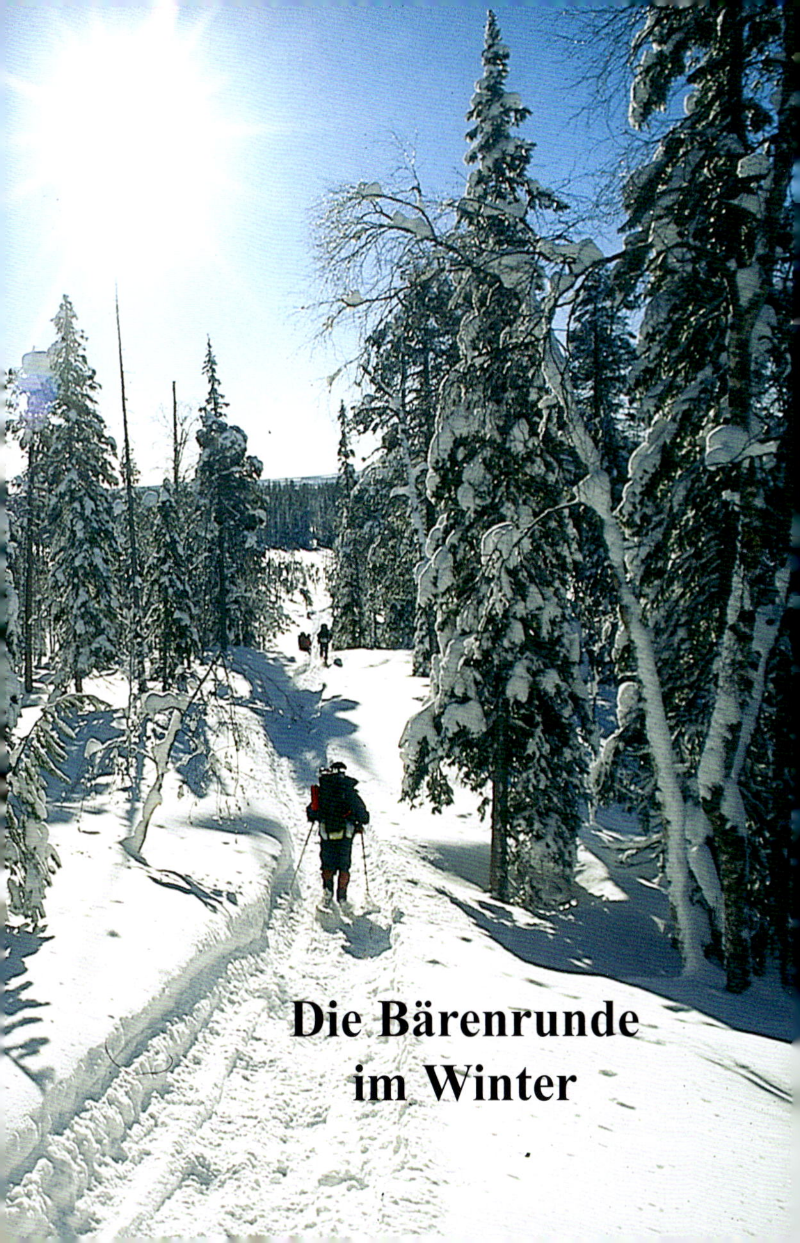
Die Bärenrunde
im Winter

Im Winter erfüllt sich der Traum von einer Wanderung in einsamer Wildnis. Allein auf weiter Flur stapfen Sie durch hüfthohen Schnee, im März werden durchschnittliche Schneetiefen von 75 cm erreicht, dazu lässt die tief stehende Sonne die Schneekristalle in den Baumwipfeln glitzern. Klirrende Kälte und Stille umgeben Sie und der Schnee modelliert einen Skulpturenpark. Umgestürzte Bäume, Steine oder kleine Erdhügel werden zu bizarren Elefanten, Totenköpfen oder abstrakten Gebilden. An den Ästen hängen Schneeklumpen wie Wespennester. Die Last auf den Bäumen, im Finnischen tykky genannt, besteht aus mehreren Lagen Eis und Schnee.

An kalten, bedeckten Tagen kühlen sich die Wassertröpfchen weit unter 0° C ab, ohne zu gefrieren. Treffen diese Tröpfchen auf ein Hindernis, z. B. einen Baum, so setzen sie sich dort ab und gefrieren sofort. Innerhalb eines Tages kann sich so eine bis zu 10 cm dicke Raureifschicht bilden, die selbst wiederum die Auflagefläche für eine Schneeschicht ist. Diese Vorgänge wiederholen sich ständig und am Ende des Winters macht die Schneelast einige Tonnen aus.

Die im Sommer so zahlreichen Begegnungen mit anderen Wanderern reduzieren sich auf ein Maß, das sich an einer Hand abzählen lässt. Nachts bestehen gute Chancen, ein Polarlicht über den Himmel zucken zu sehen. Bei diesem Phänomen, das auch unter der Bezeichnung Aurora borealis bekannt ist, flackert der Himmel in der dunklen Jahreszeit fahl grünlich, bläulich oder bisweilen auch rötlich auf.

In einer Legende erklären die Samen das Auftreten des Polarlichtes durch einen Fuchs, der mit seinem Schwanz Schneekristalle aufwirbelt, während er über die Fjells läuft.

Für die wissenschaftliche Erklärung dieser Erscheinungen ist eine Erinnerung an den Physikunterricht aus der Schulzeit hilfreich. So wie sich die Eisenspäne entlang der Magnetfeldlinien eines Stabmagneten ausrichten, so laufen auch die Linien des Erdmagnetfeldes an den Polen zusammen.

Die Sonne stößt elektrisch geladene Teilchen aus, den sogenannten Sonnenwind. Dieser wird vom Magnetfeld der Erde eingefangen und gebündelt im Bereich der Pole in die Erdatmosphäre gezogen. In einer Höhe von 100 bis 1.000 km treffen die Teilchen dann auf die Gase der Erdatmosphäre und verglühen. Bei der Kollision mit Stickstoff entsteht ein grünes, bei der mit Sauerstoff ein rotes Polarlicht.

Eine Wintertour auf der Bärenrunde ist eine anspruchsvolle Angelegenheit und bedarf gründlicher Planung sowie der richtigen Ausrüstung. Hinzu kommt, dass der Kalorienbedarf in der kalten Jahreszeit stark ansteigt. Kohlenhydrate und Proteine, die in zuckerhaltiger Nahrung enthalten sind, werden schnell umgesetzt und eignen sich gut als Zwischenmahlzeit während der Pausen. Insgesamt sollten Sie 30 bis 40 % mehr Proviant einplanen, als Sie von einer Sommertour gewohnt sind.

☺ Die Einkaufsmöglichkeiten in Juuma sind den Winter über geschlossen, sodass der Proviant für die komplette Tour mitgeführt werden muss!

Ausrüstung

Die Durchschnittstemperaturen im März liegen bei -10° C, was aber nicht darüber hinwegtäuschen darf, dass in bewölkungsfreien, ausstrahlungsreichen Nächten durchaus Temperaturen um -40° C erreicht werden können. Die richtige Ausrüstung trägt also ungemein zum Gelingen der Tour bei.

Mittlerweile allgemein bekannt ist das Zwiebelprinzip, im Winter kommt ihm eine besondere Bedeutung zu. Schnell sind Sie zu dick eingepackt und beginnen, beim Laufen zu schwitzen. Die Kleidung wird nass und entzieht dem Körper in den Pausen die Wärme. Lieber beim Start etwas frieren und die Wärmereserven für die Pausen bereithalten!

Zum Laufen reicht meist ein langes Funktionsunterhemd und ein dünner Fleece. Bei der Unterwäsche sollten Sie auf Kunstfasern setzen. Baumwolle und Wolle sind ungeeignet, da sie schnell nass werden und nur langsam wieder trocknen. Als zweite Lage folgt ein Fleecepulli. Ob Sie darüber eine Daunenjacke oder eine Jacke mit Kunstfaserfüllung tragen, ist, wie auch die Frage der Schlafsackfüllung, eher eine Geschmackssache.

Bei einer Tour auf der Bärenrunde kommt der Nachteil der Daunen, bei Feuchtigkeit an Isolationsvermögen zu verlieren, nicht so schwer zum Tragen, da Sie die Ausrüstung in den Hütten trocknen können.

Bei der Isomatte sollten Sie auf den Komfort eines selbstaufblasenden Modells verzichten, da gefrierende Atemluft deren Füllung zerstören kann, und stattdessen zum klassischen Modell greifen. Das hat zusätzlich den Vorteil, dass Sie etwas Gewicht sparen.

Bleibt noch das Warmhalten von Kopf, Händen und Füßen. Hier hat sich eine Kombination aus dünnen Seidenfingerhandschuhen und dicken Fäustlingen darüber gut bewährt. Zum Fotografieren und beim Zeltaufbau ziehen Sie den Überhandschuh einfach aus. Bei der Mütze sollten Sie auf Ohrenklappen achten. Eine Sturmhaube hat den Vorteil, dass sie besonders beim Schlafen eine gute Wärmereserve bringt. Beim Laufen wird sie allerdings schnell zu warm.

Wenn Sie nur Wintertrekking-Luft schnuppern möchten, werden Sie kaum teure Spezialwinterstiefel kaufen wollen. Es geht auch mit normalen Wanderstiefeln, die aber eine Nummer größer ausfallen dürfen.

Wie auch bei den Handschuhen hat sich eine Doppelschicht bewährt: ein dünnes Paar Seidensocken und darüber dicke Woll- oder Kunstfasersocken.

Als weitere nützliche Gegenstände kommen folgende hinzu: Gamaschen, damit der Schnee nicht in die Schuhe und in die Hosenbeine kriecht; Wanderstöcke mit großem Teller oder Skistöcke; eine Thermosflasche für heißen Tee unterwegs; eine Gletscherbrille gegen Schneeblindheit und eine Schneeschaufel. Sie benötigen sie sowohl für das Freischaufeln des Weges von der Hütte bis zum Klohäuschen als auch für das Festklopfen des lockeren Schnees vor dem Zeltaufbau oder für den Bau eines Iglus; die Schneeschaufel ist eines der Utensilien, die wirklich universal zum Einsatz kommen.

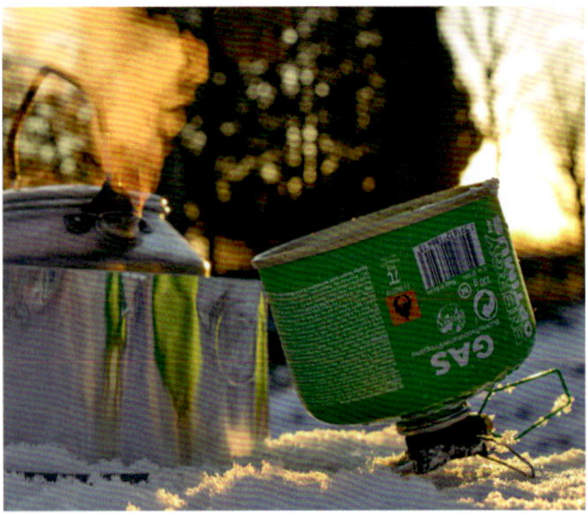

Mobiler Gaskocher

Eine besondere Bedeutung hat auch der Kocher, eine heiße Tasse Tee wirkt Wunder. Am besten geeignet sind Benzinkocher. Gaskocher (zumindest mit Butan betriebene Modelle) versagen in der Kälte; Spiritus muss bei tiefen Temperaturen vorgeheizt werden. Das kann mit einem speziellen Winterset passieren oder Sie nehmen die Spiritusflasche mit in den Schlafsack. Sie sollten mindestens die doppelte Menge Brennstoff wie gewohnt einplanen, zum einen, weil bei den tiefen Temperaturen der Verbrauch steigt, zum anderen, weil Sie kaum Gelegenheit haben, an Wasser zu gelangen, und somit ständig Schnee schmelzen müssen.

Eine Wintertour ist also mit einem ziemlichen Materialaufwand verbunden. Das hat einerseits zur Folge, dass Sie ein Zeltmodell mit entsprechend großen Apsiden wählen sollten, um die komplette Ausrüstung verstauen zu können. Andererseits bedeutet es auch, dass Sie einen guten Rucksack benötigen; schnell sind 30 kg Ausrüstung oder mehr zusammen. Am besten geeignet für derartige Lasten ist noch immer ein leider etwas sperriger Außengestellrucksack.

☺ Pulkas – Schlitten, die Ihnen einen Großteil des Gewichts von den Schultern nehmen könnten, sind eine schlechte Alternative für die Bärenrunde, da sie auf dem hügeligen und waldreichen Terrain nur schwer zu kontrollieren sind.

Ob Sie sich für Schneeschuhe oder Skier entscheiden, hängt von Ihrem eigenen Können ab. Schneeschuhe bieten viele Vorteile: Sie sind einfacher zu transportieren, man benötigt keine speziellen Schuhe und sie können ohne Vorkenntnisse benutzt werden, es läuft sich lediglich etwas breitbeiniger.

Schneeschuhe haben in den letzten Jahren ein wahres Revival erfahren und die heute angebotenen High-Tech-Versionen haben mit dem klassischen „Tennisschläger" nicht mehr viel gemeinsam.

Bei der Wahl des Schneeschuhs sollten Sie unbedingt auf die angegebene Belastbarkeit – dabei die Zuladung der Ausrüstung zusätzlich zum Körpergewicht nicht vergessen – und eine einfach mit Handschuhen zu bedienende Bindung achten. Aus eigener Erfahrung empfehle ich außerdem, ein kräftiges Stück Draht mitzuführen. Trotz aller Werbeversprechen der Hersteller können die modernen Materialien brechen. Wer schon einmal 5 km ohne Schneeschuhe zur nächsten Hütte gestolpert ist, wird gerne das zusätzliche Gewicht eines kleinen Stück Drahts auf die Schultern nehmen.

📖 André Micklitza, Skiwandern – Nordic Cruising, OutdoorHandbuch, Basiswissen für draußen, Band 6, Conrad Stein Verlag, ISBN 978-3-86686-006-3, € 7,90

♦ Dietmar Heim & Dirk Klawatzki, Wintertrekking, OutdoorHandbuch, Basiswissen für draußen, Band 70, Conrad Stein Verlag, ISBN 978-3-86686-070-4, € 8,90

♦ Andreas Happe, Schneeschuhwandern, OutdoorHandbuch, Basiswissen für draußen, Band 402, Conrad Stein Verlag, ISBN 978-3-86686-530-3, € 8,90

Streckenführung im Winter

Mit dem schweren Rucksack auf dem Rücken werden Sie im Schnee tiefer einsinken, als Ihnen lieb ist. Gerade auf der kaum begangenen Hautajärvi-Route wird die Tour schnell zur Qual und die Tagesetappen schmelzen trotz eisiger Temperaturen auf ein 5-km-Maß zusammen. Angenehmer ist im Winter die Ristikallio-Route.

Ab Taivalköngäs wird die Strecke einfacher, und die Hütten liegen dichter zusammen. Der letzte Abschnitt der Tour vom **Jyrävä**-Wasserfall, im Winter kaum als solcher erkennbar, bis nach Ruka ist touristisch erschlossen und es sind viele Loipen angelegt.

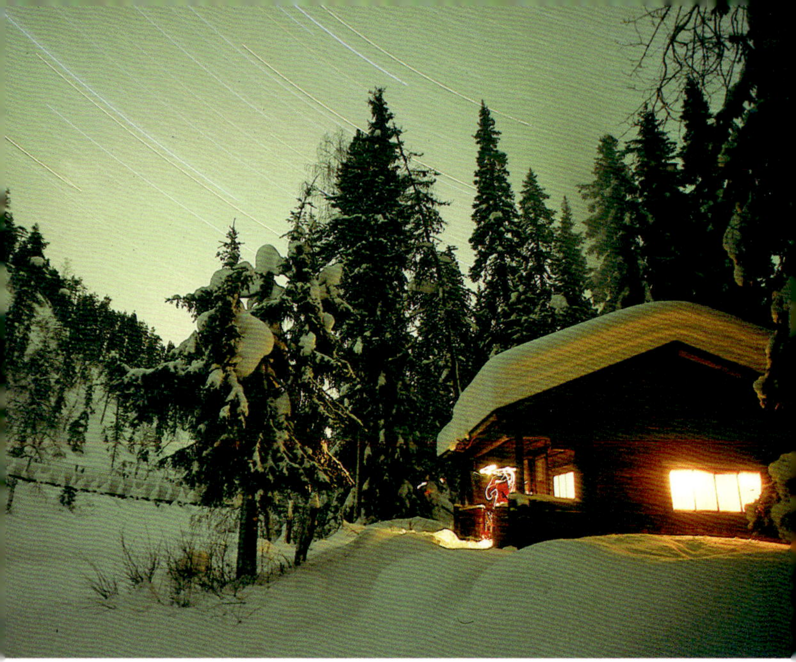

Die Savilampi-Hütte ist im Winter besonders gemütlich

Während der Schnee einerseits das Vorankommen erschwert, hält die kalte Jahreszeit andererseits auch einige Erleichterungen bereit. Moore, Tümpel und weite Sumpfflächen frieren fest zu und stellen kein Hindernis mehr dar.

Wenn Sie zum ersten Mal eine Wintertour unternehmen, sollten Sie stets daran denken, dass die Landschaft im Vergleich zum Sommer gänzlich anders aussieht. Schnell haben Sie, ohne es zu merken, einen See oder einen Fluss überquert, der sich unter den Schneemassen verbirgt.

Die Streckenführung der Bärenrunde weicht im Winter etwas von der im Sommer ab und verläuft z. T. über gefrorene Seen. Die Route folgt im Winter z. T. den Schneemobilspuren der Nationalpark- und Forstarbeiter, die nicht regelmäßig unterwegs sind. Erkundigen Sie sich daher vor der Tour unbedingt im Oulanka-Nationalpark- oder im Hautajärvi-Infozentrum nach dem genauen Streckenverlauf.

Die Wintermarkierungen bestehen aus orangefarbenem Plastikband, das um Bäume gewickelt ist, oder, wenn ein See bzw. eine Moorfläche passiert wird, aus Stöcken, die links und rechts des Pfades in den Schnee gesteckt wurden.

Besonders im Teil nach der Jussinkämppä nimmt die Bärenrunde im Winter einen anderen Verlauf. Während Sie im Sommer nach Süden auf den **Kitkajoki** zulaufen, geht es im Winter zuerst in nordwestliche Richtung am Seeufer zurück und Sie wandern anschließend direkt in südwestliche Richtung nach Juuma.

☺ Wenn Sie sich im Winter die anstrengende Strecke über den **Valtavaara**-Gipfel sparen wollen, können Sie sich in **Juuma** ein Taxi aus Käylä rufen, das Sie zur Hauptstraße bringt, von wo aus Sie mit dem normalen Linienbus nach Kuusamo weiterfahren können (☏ +358/100/842 00).

☺ Sie sollten am besten vorher in einem der Nationalpark-Informationszentren erfragen, ob nicht ein Parkranger mit dem Schneemobil unterwegs war, denn die Schneemobilspuren erleichtern das Vorankommen ungemein.

Von **Juuma** aus laufen Sie direkt in südliche Richtung über den **Ala-Juumajärvi** und dann auf einer Strecke, etwas westlich versetzt von der Sommerroute, bis zur Porontimajoki-Hütte.

Im Gegensatz zum Sommer umlaufen Sie den **Porontima**-See auf der Südseite und müssen dementsprechend nicht den **Konttainen**-Gipfel erklimmen.

Anschließend erreichen Sie über den Valtavaara-Gipfel Ruka.

Markierte Winterstrecken im Oulanka-Nationalpark:

- **Rytisuo-Schneeschuh-Pfad**: 7,5 km langer Rundkurs vom Oulanka-Informationszentrum, der dem Rytisuo-Naturlehrpfad folgt
- **Oulanka-Wildnispfad**: 26 km lange, einmal die Woche gespurte (15.2. bis 30.4.) Strecke von Juuma zu den Kiutaköngäs

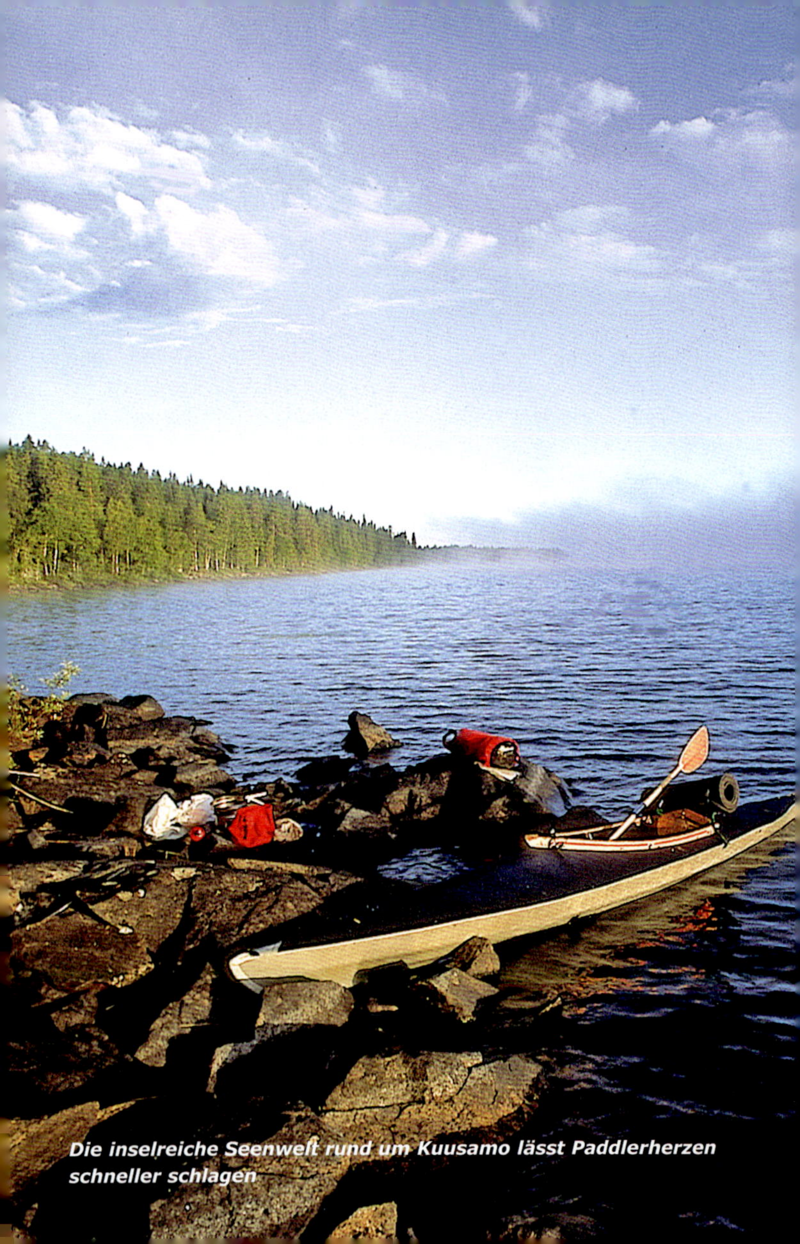

Die inselreiche Seenwelt rund um Kuusamo lässt Paddlerherzen schneller schlagen

Kanutouren

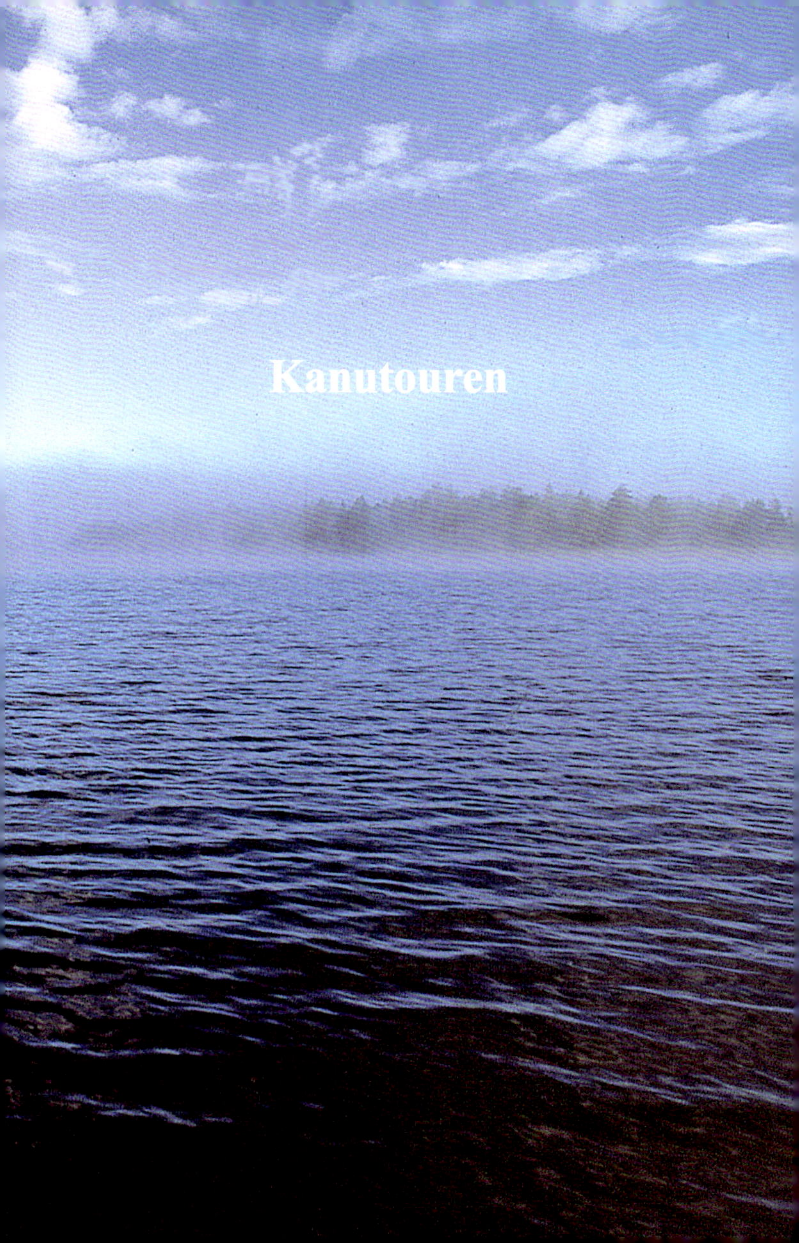

Die Kanutouren im Überblick

Die zahlreichen Seen und Flüsse – in Kuusamo ist eine Fläche von 800 km² mit Wasser bedeckt – bieten dem Wassersportler ein ideales Revier. Die in diesem Buch beschriebenen Touren führen über kristallklare Seen und kleine, gemächlich dahinfließende Flüsse. Sie sind hervorragend für Anfänger geeignet und ideale Familientouren.

Die Einsatz- und Aussatzstellen der Paddelrouten 2 bis 4 liegen immer in der Nähe einer Bushaltestelle, sodass Sie am Ende einer Tour mit öffentlichen Verkehrsmitteln zurück nach Kuusamo und von dort zur Einsatzstelle und somit zu Ihrem eventuell dort geparkten Auto zurückgelangen können. Die Busse fahren nicht regelmäßig, aktuelle Fahrpläne finden Sie unter 💻 www.matkahuolto.fi.

Die Flüsse Kitkajoki, Kuusinkijoki und der Oberlauf des Oulankajoki haben Kuusamo bei Wildwasserenthusiasten berühmt gemacht. Wenn Sie die Herausforderung und den Nervenkitzel in schäumenden Stromschnellen, kräftigen Wirbeln und mächtigen Walzen suchen, sei Ihnen der DKV-Auslandsführer Skandinavien empfohlen, der u. a. Flussbeschreibungen von Oulankajoki, Kitkajoki und Iijoki enthält.

📖 Günter Eck: DKV-Auslandsführer Skandinavien, DKV-Wirtschafts- und Verlags-GmbH, ISBN 978-3-937-74333-2, € 19,95

Ausrüstung

Die vorgestellten Touren sind sowohl für Wanderkajaks als auch für Canadier geeignet. Auf den offenen, weiten Seen haben die niedrigen Kajaks gegenüber den höheren und somit windempfindlicheren Canadiern einen entscheidenden Vorteil.

Bei Canadiern werden die Vorzüge auf längeren Fahrten und bei Familientouren deutlich: Sie sind einfach zu beladen und es kann problemlos viel Gepäck in wasserdichten Tonnen mitgeführt werden.

Der ideale Bootstyp für die vorgestellten Touren ist meiner Meinung nach ein Faltboot. Da die Mitnahme in öffentlichen Verkehrsmitteln kein Problem darstellt, können Sie einfach mit dem Bus zum Startpunkt fahren, dort Ihr Boot aufbauen und die Paddeltour genießen.

Am Endpunkt packen Sie Ihr Boot wieder ein, steigen in den Bus und können sofort Ihr nächstes Abenteuer beginnen, ohne sich Gedanken darüber machen zu müssen, wie Sie zu Ihrem Auto zurückgelangen.

Egal für welchen Bootstyp Sie sich entscheiden, folgende Ausrüstungsgegenstände gehören auf jeden Fall ins Reisegepäck:

- ▷ eine Schwimmweste, die nur nützt, wenn sie immer getragen wird
- ▷ ein Ersatzpaddel und wasserdicht verpackte Ersatzkleidung sowie Kleidung für jede Wetterlage, auch wenn Sie Ihre Tour bei strahlendem Sonnenschein beginnen
- ▷ An einigen flachen Stellen leistet eine Leine zum Treideln gute Dienste, ein Bootswagen ist auf den vorgestellten Touren nicht nötig.
- ▷ Bei längeren Touren wird natürlich eine komplette Campingausrüstung notwendig.
- ▷ Zur Orientierung auf den Seen mit ihrem Labyrinth aus Inseln, Buchten und Landzungen sind eine Gewässerkarte (☞ Literatur & Karten) und ein Bootskompass unerlässlich.

Kanuverleih

In Kuusamo und Ruka gibt es zahlreiche Veranstalter, die neben geführten Wanderungen, Raftingtouren und anderen Outdoor-Aktivitäten (☞ Reise-Infos von A bis Z, Outdoor-Aktivitäten) auch Boote zum Verleih anbieten.

Meist werden Zweiercanadier mit Schwimmwesten (gegen Aufpreis auf Wunsch auch mit kompletter Campingausrüstung) verliehen, um den Transport müssen Sie sich selbst kümmern.

Die Preise bewegen sich zwischen € 25/Tag und € 50/Tag. Für eine Woche bezahlen Sie oft den Preis für fünf oder sechs Tage.

Das umfangreichste Mietangebot besteht für den Unterlauf des Oulankajoki (☞ siehe Tour 1), für den zahlreiche Anbieter Canadier vermieten und einen Transportservice anbieten. Kanuanbieter in Kuusamo und Ruka:

- ♦ Oulanka-Campingplatz, ☏ +358/44/740 00 01 oder +358/400/18 80 49, 💻 www.oulankacamping.fi
- ♦ Rukapalvelu, ☏ +358/10/271 05 00, 💻 www.rukapalvelu.fi/en
- ♦ Ruka Safaris, ☏ +358/08/852 16 10, 💻 www.rukasafaris.fi/en
- ♦ Kuusamo Safaris, ☏ +358/400/32 66 90, 💻 www.kuusamosafaris.fi

Tour 1: Oulankajoki

Der **Oulankajoki** bietet eine abwechslungsreiche Umgebung und eine Prise Wildnis für unvergessliche Paddelerlebnisse. Kleine Seen wechseln sich mit sanft mäandrierenden Flussabschnitten ab, der Fluss führt durch tiefe Schluchten, vorbei an steilen Sandufern und über tosende Stromschnellen.

Die etwa 20 km lange Strecke im Oberlauf von der Straßenbrücke an der Straße von Kuusamo nach Salla bis zum Infozentrum des Oulanka-Nationalparks (nicht beschrieben) stellt eine Herausforderung für erfahrene Wildwasserkanuten dar und kann Anfängern nicht empfohlen werden. Der Unterlauf des **Oulankajoki** nach den Kiutaköngäs windet sich gemächlich dahin und ist für Familientouren ideal.

Länge: 24 km

Startpunkt: Einsatz unterhalb der Kiutaköngäs. Fahren Sie vom Informationszentrum des Nationalparks über die Brücke. Etwa 200 m hinter der Biologischen Station (Wegweiser: „Kanoottien ja neneiden kuljetus") zweigt gegenüber der Campingplatz-Zufahrt ein Schotterweg nach rechts zu einem Parkplatz an der Einsatzstelle ab. Von dort führt eine Holztreppe hinunter zum Flussufer.

Endpunkt: Jäkälämutka, unweit der Grenze zu Russland. Da es keine Busverbindung zurück zum Ausgangspunkt gibt, klärt man den Rücktransport am besten mit dem Kanuvermieter ab.

Umtragungen: Umtragungen sind auf dem beschriebenen Abschnitt des Oulankajoki nicht notwendig.

Wasser: Die Wasserqualität des **Oulankajoki** ist hervorragend. An der braunen Farbe sollten Sie sich nicht stören. Sie wird durch die Moorgebiete, durch die der Fluss im Norden fließt, verursacht.

Übernachtungsmöglichkeiten: Die vorgestellte Tour lässt sich bequem an einem Tag paddeln. Sollten Sie angesichts der grandiosen Szenerie eine Übernachtung planen, so stehen Ihnen zahlreiche Übernachtungsmöglichkeiten zur Verfügung. Zelten ist nur an den ausgewiesenen Plätzen erlaubt (☞ Die Bärenrunde, Übernachtungsmöglichkeiten), da der Unterlauf des Oulankajoki durch den Nationalpark führt.

Es geht los.

km 0 Von der ⛺ Zeltmöglichkeit mit 🔥 Feuerstelle am Flussufer starten Sie stromabwärts in südöstliche Richtung und erreichen bei

km 3 den 3 Rastplatz Merenoja mit Feuerstelle am rechten Flussufer.
km 8 Feuerstelle auf dem Sandstrand am linken und Ansakämppä für etwa 20 Personen am rechten Ufer
km 14 Rastplatz Sirkkapuoro mit Unterstand und Feuerstelle
km 21 Rastplatz Alaniemi mit Unterstand und Feuerstelle am rechten Flussufer gegenüber von einem abgeschnittenen Mäanderbogen, Feuerholz meist vorhanden
km 24 Am Ende des Schilfgürtels nach einem breiten Geröllstrand halten Sie sich links und fahren über den kleinen See zur Anlegestelle Jäkälämutka am linken Ufer mit Unterstand in Lappenkoten-Form, Feuerstelle und P.

Wie weiter?
Von der Aussatzstelle besteht eine Straßenverbindung über das **Informationszentrum** des Nationalparks nach Käylä.

vom **Informationszentrum** nach Kuusamo
(☞ Die Bärenrunde, 2. Etappe)

Tour 2: Konttiselkä – Yli-Kitka – Ala-Kitka

Diese Tour führt über die großen Kitkajärvet mit schroffen, felsigen Ufern. Die angrenzenden Bergketten liefern dem Paddler ein ansprechendes Panorama.

Starker Wind kann auf diesen großen Seen schnell hohen Wellengang zur Folge haben. Mit der richtigen Ausrüstung und ausreichender Erfahrung macht das Paddeln dann erst richtig Spaß. Ansonsten sollten Sie bei schlechtem Wetter in Ufernähe bleiben und auf lange Überquerungen verzichten.

Länge: 75 km

Startpunkt: Rastplatz in **Vasaraperä**, etwa 30 km nordwestlich von Kuusamo an der Fernstraße 81 nach Rovaniemi gelegen.

von Kuusamo Richtung Rovaniemi mehrmals täglich

Endpunkt: Straßenbrücke in **Käylä**, etwa 40 km nördlich von Kuusamo an der Straße Nr. 950 nach Salla gelegen

Käylä nach Kuusamo (fährt nur an Wochentagen und nur 1-2 Verbindungen pro Tag)

Umtragungen: Diese Tour führt über große Seen, Umtragungen sind nicht nötig.

Wasser: Die großen Kitkajärvet zählen zu den saubersten Seen Finnlands und sind für ihr klares Wasser sowie ihren guten Fischbestand bekannt.

Übernachtungsmöglichkeiten: Entlang der Strecke gibt es einige Feriendörfer und Sie finden genug freie Stellen, an denen Sie Ihr Zelt aufbauen können.

Es geht los.

km 0 Rastplatz in Vasaraperä
Hinter der Infotafel auf dem Rastplatz führt ein kleiner Weg zum **Konttiselkä**. Sie starten in westliche Richtung an zwei kleinen Inseln vorbei in Richtung der Landzunge. Fahren Sie nun in Richtung Südwesten auf das Nordufer der **Sänkisaari** bei

km 3 zu (Schild „K"). Im Nordwesten bilden zwei Landzungen eine annähernd v-förmige Bucht. Steuern Sie auf die zweite Landzunge zu und lassen Sie die folgende Bucht rechts liegen. Fahren Sie in der darauffolgenden Bucht südlich der sechs kleinen Inseln und der Nordspitze der **Haahtisaari** bei

km 10 hindurch. Halten Sie sich anschließend am Nordufer und fahren Sie weiter in westliche Richtung.
Trotz der vielen Ferienhäuser finden Sie am Nordufer der Porosaari auf Ihrer linken Seite einige schöne Stellen zum Zelten.

km 17 Am Ende der Landzunge tauchen im Nordwesten drei kleine Inseln und die Halbinsel **Aittosaari** auf. Im Hintergrund erhebt sich eine bewaldete Kuppe.
Steuern Sie auf diese zu und paddeln Sie an den kleinen Inseln vorbei auf den äußersten Zipfel der Halbinsel zu und darum herum. Die nun vor Ihnen auftauchenden vier kleinen Inseln umfahren Sie alle im Westen, danach ändern Sie Ihren Kurs in Richtung Nordosten auf die Landzunge am rechten Ufer bei

km 20 bis zur Straßenbrücke. Hier ist eine Anlegestelle mit Toiletten. Sie erreichen den **Yli-Kitka** und behalten Ihren nordöstlichen Kurs bei. Die folgende Bucht mit den zwei kleinen Inseln lassen Sie rechts liegen. Sie kommen an die zweite Landzunge, links von Ihnen liegt eine Mini-Insel (Schild

„H"). Nach der folgenden kleinen Bucht schwenken Sie nach rechts, halten sich nun für eine lange Strecke am Südufer des Sees und fahren in Richtung Osten bei

km 29 auf den **Vasikkavaara** zu, der deutlich die Spuren der Forstwirtschaft trägt. Nun tritt der **Naatikakavaara** in Ihr Blickfeld und es geht immer weiter am Ufer entlang in Richtung Osten, bis auf Ihrer linken Seite bei

km 34 die **Jäkaläsaari** auftaucht. Am rechten Ufer liegt 🛏 Männikön Lomamajat, ☏ +358/8/86 70 27, 🚪 ganzjährig geöffnet, Hütten für 8 Personen, € 100 (Sommer).

Fahren Sie in Richtung Norden auf die kleine Landzunge mit der roten Hütte und dem Bootsschuppen zu. Nun geht es weiter in nordöstliche Richtung zwischen dem Ufer auf Ihrer rechten Seite und einer Reihe von Inseln auf Ihrer linken Seite hindurch.

km 40 Sie erreichen die große **Miehinkisaari**. Halten Sie sich an deren Ostufer. Steuern Sie am Ende der Insel an der vorgelagerten kleinen Insel vorbei in Richtung der Spitze der lang gestreckten Insel im Nordwesten. Danach paddeln Sie in nordwestliche Richtung auf die kleine Insel **Keränen** und bei

km 44 auf die dahinterliegende Halbinsel **Haikaisija** zu, die mit ihren zwei lang gestreckten, schmalen Landzungen weit in den See hineinreicht. Nachdem Sie die Halbinsel umrundet haben, fahren Sie zwischen der **Korpissaari** und der **Välikari** auf die Landzunge zu, lassen die folgende Bucht rechts liegen und steuern bei

km 48 auf die Nordspitze der **Uikusaari** zu. Im Nordosten sehen Sie eine kleine Insel und dahinter eine Landzunge mit einigen Häusern, die etwas schwer auszumachen ist.

Die lang gestreckte Insel westlich davon zeigt genau darauf zu. Es folgt eine kleine Bucht, und von nun an geht es durch ein Insellabyrinth im Nordteil des **Yli-Kitka**.

km 52 Steuern Sie die **Ahosaari** an. Wenden Sie sich an deren Südufer nach Osten. Wenn Sie am östlichsten Zipfel angekommen sind, nehmen Sie Kurs nach Norden und fahren zwischen zwei kleinen Inseln bei

km 54 hindurch zum Südostufer der **Lososaari**. Halten Sie sich an deren Ufer und paddeln Sie nach Nordosten. Nach einer schmalen, schilfbestandenen Landzunge öffnet sich eine große Bucht mit vielen kleinen Inseln am Nordende (rechts von Ihnen eine größere Insel mit einer vorgelagerten kleinen Insel), die Sie links liegen lassen.

Fahren Sie nach Norden und dann am Ufer der **Lososaari** nach Nordwesten. Sie erreichen bald eine Sandbank, an der Sie sich dann nach Nordosten zur Spitze der **Hirvassaari** wenden können, um die Tour in Richtung **Ala-Kitka** fortzusetzen, oder Sie folgen dem Ufer und finden bei

km 57 am äußersten Nordwestzipfel gegenüber der Insel Neidinsaari eine traumhafte Stelle zum Zelten.

Weiter geht es in nordöstliche Richtung zwischen der **Neidinsaari** und zwei noch östlicher liegenden Inseln hindurch bis zum gegenüberliegenden Ufer. An diesem entlang paddeln Sie in Richtung Osten, wo sich in der Ferne der Valtavaara und die Skipisten von Ruka auftürmen. Die erste kleine vorgelagerte Insel umfahren Sie im Süden. Auf Höhe der kleinen Insel (dahinter die Hirvassaari mit Schild „T") auf Ihrer rechten Seite wenden Sie sich vor der folgenden Insel nach Nordosten. Sie fahren unter einer Stromleitung durch und steuern Richtung Nordost auf das Schild „V" am gegenüberliegenden Ufer zu.

km 61 Paddeln Sie um den Südostzipfel der **Hautasaari** herum und unter der **Straßenbrücke** hindurch in den **Ala-Kitka**. Halten Sie sich am rechten Ufer und unterfahren Sie die Holzbrücke, die vom Ufer zur Suusaari führt. Danach steuern Sie für kurze Zeit in Richtung Nordwesten und fahren um die zwei folgenden Landzungen herum. Am Schild (spiegelverkehrtes „Z") ändern Sie den Kurs und visieren die entfernte, lang gestreckte Insel im Norden an.

Die Überquerung des Ala-Kitka sollte nur bei günstigen Wetterbedingungen erfolgen. Bei starkem Wind und hohen Wellen sollten Sie sich an das Schild am Ufer halten und weiter in Richtung Osten fahren, um den Ala-Kitka an einer schmaleren Stelle zu überqueren und schließlich am gegenüberliegenden Ufer wieder Kurs nach Nordwesten zu nehmen.

km 64,5 Umfahren Sie die kleine Insel im Westen und steuern Sie danach auf die zwei Landzungen im Nordosten zu. Sie erreichen den **Virranlahti**. Danach paddeln Sie bei

km 68 auf das Schild „A" zu, passieren die **Straßenbrücke** und treffen am linken Ufer auf eine Kota mit Feuerstelle. Überqueren Sie den folgenden Keltinki in nordöstliche Richtung. Die Ausfahrt finden Sie links von dem linsenförmigen Höhenrücken am gegenüberliegenden Ufer. Weiter geht es in nordöstliche Richtung auf dem zusehends schmaler und flussähnlicher werdenden Ausläufer des Sees.

km 72 Im Norden sehen Sie am Ende eine schmale Durchfahrt, aber Sie wenden sich vor der Insel am Südufer entlang nach Osten. Nach einer schmalen Durchfahrt liegt rechts vor Ihnen eine seeartige Erweiterung, an deren Ende die Häuser von **Käylä** und die Straße zu sehen sind. Wenden Sie sich in Richtung des Mobilfunkturms nach links, fahren Sie zwischen den beiden kleinen Inseln hindurch und dann immer weiter Richtung Osten bei
km 75 auf die **Straßenbrücke** zu. Legen Sie auf deren linken Seite an.

Käylä

Kitkajoen Lomatuvat, ☏ +358/40/581 43 61, Hütten für 6 Pers., Wochenende ab € 120 (Sommer) (nur für gesamte Wochenenden oder ganzwöchig zu mieten)

Café Leenan Koskitupa, ☏ +358/40/702 47 21, direkt an den Stromschnellen gelegen

Mo-Fr 9:00-20:00, Sa 9:00-18:00, So 12:00-18:00, mit , an der Straße von der Aussatzstelle etwa 400 m nach rechts

BANK gegenüber vom Supermarkt

mit an der Straße, von der Aussatzstelle etwa 800 m nach links

Zeltmöglichkeitn auf der Losoaari

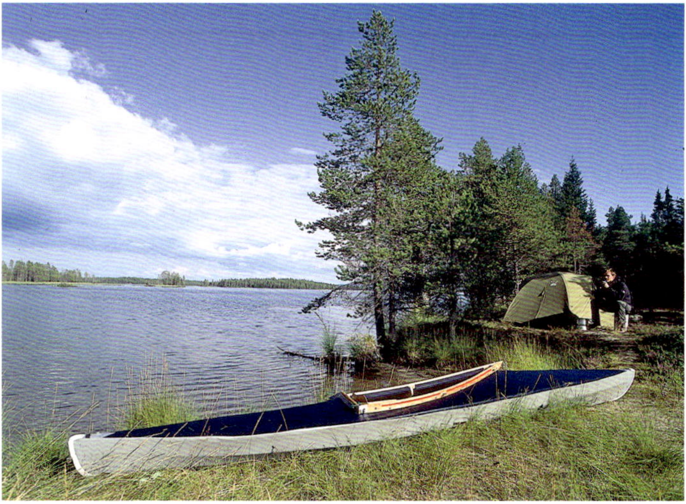

Wie weiter?

Bushaltestelle („Käylan kirkko") ca. 50 m links von der Aussatzstelle

Sie können diese Tour auf dem **Kitkajoki** bis zu seiner Einmündung in den **Oulankajoki** fortsetzen. Der Fluss teilt sich in **Käylä**. Der rechte Arm (hinter der Straßenbrücke an der Aussatzstelle) hat eine kleine Stufe. Besser zu fahren ist der linke Arm, in den Sie an der Halbinsel vor der Straßenbrücke einbiegen.

Auf der 14 km langen Strecke von **Käylä** bis Juuma beträgt das Gefälle 17 m. Zahlreiche Stromschnellen (bis zum Schwierigkeitsgrad II bis III) fordern diejenigen Paddler heraus, die schon etwas Wildwassererfahrung gesammelt haben.

Der Unterlauf des **Kitkajoki** von **Juuma** bis zum **Oulankajoki** ist nur etwas für erfahrene Kanuten. Auf der 18 km langen Strecke fällt das Wasser um 85 m.

Tour 3: Oivanginjärvi – Kuusamojärvi – Muojärvi – Kiitämä – Suininki

Der erste Abschnitt dieser Tour führt Sie auf sich gemächlich dahinschlängelnden, kleinen Flüssen nach **Kuusamo**. Von dort geht es auf dem **Kuusamojärvi** nach Osten weiter.

Die Ufer sind zum größten Teil besiedelt oder werden landwirtschaftlich genutzt und Sie finden zahlreiche traditionelle Dörfer, wie z. B. **Kantokylä** oder **Törmäsenvaara**.

Die Inseln im sich östlich anschließenden **Muojärvi** sind Teil eines landesweiten Schutzprogrammes. Sie sind unbewohnt und in den kommenden Jahren werden Unterkunfts- und Serviceeinrichtungen entstehen. Über die Seen **Kirpistö** und **Kiitämä**, deren Ufer nur spärlich besiedelt sind, gelangen Sie in das Dorf **Määttälänvaara** am Ufer des **Suininki**.

Länge: 118 km

Startpunkt: Als Kanu-Einsatzstellen bieten sich die Ortschaft Oivanki oder der Matkajoki-Campingplatz (☞ km 9) nördlich von Kuusamo an. Die Strecke von Oivanki bis Kuusamo ist am besten mit einem wendigen Kajak zu befahren, da die Bäche stellenweise sehr schmal werden und umgefallene Bäume sowie Büsche das Vorankommen erschweren. Mit einem Canadier starten Sie am besten an der Badestelle in Kuusamo (☞ km 17,5).

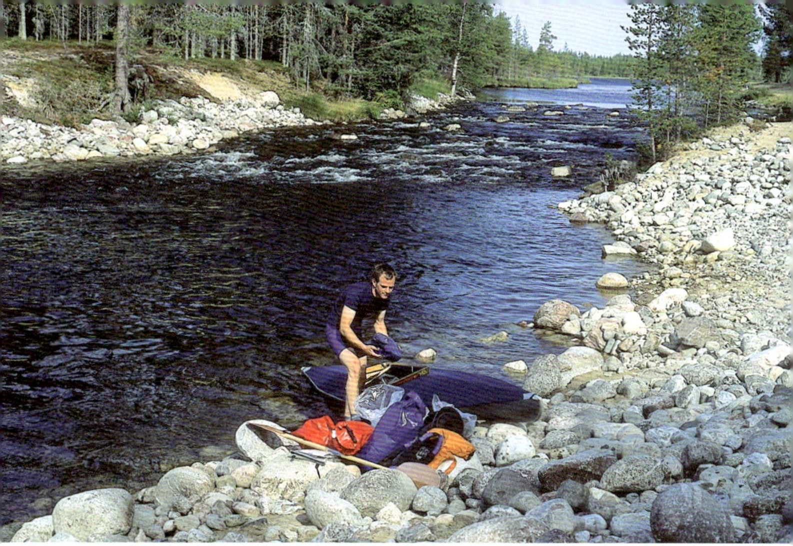

Umtragen an der Piiksitammi-Hütte

Oivanki ist etwa 15 km nördlich von Kuusamo an der Fernstraße Nummer 81 nach Rovaniemi gelegen.

🚌 von Kuusamo Richtung Rovaniemi (mehrmals täglich)

Wenn Sie aus Richtung Kuusamo kommen, zweigen in **Oivanki** insgesamt vier kleine Straßen nach links von der Hauptstraße ab, die alle bis zum Seeufer führen, wo Sie Ihr Boot zu Wasser bringen können. Von der 🚌 Bushaltestelle „Rytilampi" führt ein zwar überwachsener, aber nur kurzer Pfad zum Seeufer.

Kuusamo: Eine gute Einsatzstelle ist die Badestelle unweit des Stadtzentrums. Von der Kreuzung am Marktplatz führt die Straße Kelantie an der Post vorbei bis zum Ufer des Sees.

Endpunkt: Määttälänvaara, etwa 30 km nordöstlich von Kuusamo an der Straße Vuoturgintie (8690) gelegen.

🚌 Busverbindung nur 1x täglich und nur während der Schulzeit
Während der übrigen Zeit müssen Sie sich ein Taxi rufen
(☏ +358/100/842 00, etwa € 60 bis Kuusamo).

Umtragungen: Auf den ersten Kilometern kann es vorkommen, dass ein umgestürzter Baum den Weg versperrt und Sie das Boot tragen müssen. Ansonsten gibt es einige niedrige Brücken und flache Passagen, die kurz umtragen werden müssen.

Wasser: Obwohl besonders entlang des **Kuusamojärvi** an den Ufern Felder angelegt und einige Siedlungen zu finden sind, ist die Wasserqualität sehr gut.

Übernachtungsmöglichkeiten: Trotz vieler Ferienhäuser, Dörfer und Felder gibt es genügend schöne, unbewohnte Uferabschnitte, insbesondere auf den zahlreichen Inseln, die zum Zelten geeignet sind, nicht selten mit einem kleinen Sandstrand.

Es geht los.

km 0 Starten Sie südöstlich in Richtung der Hütte am gegenüberliegenden Seeufer, bis Sie eine schmale Durchfahrt passieren. Die kleine Insel dahinter lassen Sie links liegen und folgen dann dem Westufer. Der See verengt sich erneut. Nun fahren Sie nach Süden auf eine kleine Hütte mit einem roten Dach zu und biegen in einen schmalen Bach in Richtung Westen ab. An der beigefarbenen Hütte erreichen Sie den Petäjälampi. Wenden Sie sich nach links und halten Sie sich am Ostufer des Sees. Am südlichsten Zipfel (große, blaue Hütte) verlassen Sie ihn und paddeln auf dem nun folgenden Fluss, der sich gemächlich in südöstliche Richtung windet.

km 5 Am linken Ufer laden zwei ⛺ Laavus zur Rast ein. Danach wird der Fluss breiter, und ein Schilfgürtel kündigt den nächsten See an.

Sie erreichen den **Ukonlampi** und fahren nach rechts am Westufer weiter. Auf Ihrer linken Seite erstreckt sich eine weite Bucht, danach ragt eine Landzunge weit in den See.

Nach der schmalen Durchfahrt halten Sie sich am linken Ufer, verlassen nach ca. 500 m den See und fahren auf einem kleinen Bach in südöstliche Richtung. Nach weiteren 500 m passieren Sie eine Stromleitung und nach einer scharfen Linkskurve versperrt eine Holzbrücke den Weg.

π An einer flachen Stelle am rechten Ufer müssen Sie das Boot aus dem Wasser nehmen, über die Brücke tragen und am linken Ufer wieder einsetzen.

Der Fluss mündet in einen See, an dessen Nordufer sich das Sägewerk Pölkky Oy befindet. Sie halten sich rechts und folgen dem Ufer in östliche Richtung.

Nach einer schmalen Stelle erreichen Sie eine fast kreisförmige Bucht. Am gegenüberliegenden Ufer in östlicher Richtung erspähen Sie eine Hütte mit rotem Dach, die Ihnen den Weg weist. Nachdem Sie die Landzunge hinter sich gelassen haben, fahren Sie am Westufer des Sees weiter in südliche Richtung.

Sie passieren eine weitere schmale Stelle und auf der linken Seite säumen viele kleine Ferienhäuser Ihren Weg. Am Südende des nun folgenden kleinen Sees sehen Sie rechts von einem kleinen weißen Holzhaus bei

km 9 den Steg des ⛺ **Matkajoki-Campingplatzes**,
☏ +358/50/3 72 07 76, 🚪 1.6. bis 30.9., Zelt € 15/Tag.

Vom Steg des Campingplatzes aus geht es weiter nach links. Sie setzen die Tour auf dem Matkajoki fort.

Nach 200 m versperrt eine Holzbrücke den Weg. Allerdings ist sie so niedrig, dass Sie sie als Steg benutzen können und Ihnen größeres Umtragen erspart bleibt. Nach einer **Straßenbrücke** folgen in kleinen Abständen drei kurze Strecken, die stellenweise sehr flach werden und an denen zahlreiche größere Steine aus dem Wasser ragen. Bei sehr niedrigen Wasserständen muss eventuell getreidelt werden.

Nach der letzten flachen Strecke folgen neue Hindernisse. Auf dem folgenden Abschnitt passieren Sie drei Brücken, die aber mit mehr oder weniger Verrenkungen zu unterfahren sind.

Sie erreichen die ersten Häuser einer kleinen Siedlung und nach 500 m eine zweiröhrig untertunnelte **Straßenbrücke**. Danach wird der Fluss breiter und der Baumbestand am Ufer lichter und zunehmend durch Büsche ersetzt. Sie erreichen bei

km 15,5 den **Nilojärvi**. Fahren Sie auf den Wasserturm zu, der sich am gegenüberliegenden Ufer über Kuusamo erhebt. Die Ausfahrt befindet sich im Südosten, versteckt hinter einem breiten Schilfgürtel. Nach der Insel erblicken Sie außer dem Wasserturm einen Mobilfunkturm und rechts davon eine **Straßenbrücke**. Jetzt geht es auf einem breiten Fluss durch Kuusamo.

km 17,5 Nachdem Sie zwei dicht aufeinander folgende Straßenbrücken passiert haben, erreichen Sie den **Kuusamojärvi**. Halten Sie sich am rechten Ufer und paddeln Sie auf den weißen Kirchturm zu. Nach einem ✕ Imbiss setzen Sie die Fahrt in südöstliche Richtung fort und passieren eine Engstelle zwischen dem Ufer und der **Vihtasaari** (Strommast).

km 23 Badestelle
Danach fahren Sie Richtung Osten auf das gegenüberliegende Ufer zu. Auf Höhe der Siedlung schwenken Sie in südwestliche Richtung zur Spitze der **Raatesaari**.

km 25 Der flache nordwestliche Zipfel dieser Insel lädt zum Anlanden ein und ist auch groß genug, um ein ⛺ Zelt aufzubauen. Weiter geht es in südöstliche Richtung zwischen der **Raatesaari** und der **Porosaari** hindurch. Beim Holzhäuschen am Ufer der **Porosaari** wenden Sie sich nach links bei

km 27 zur **Olkonsaari**, an deren Südufer Sie nach Osten weiterfahren. Am Ende der Insel steuern Sie die bucklige, mit Kiefern bewachsene Kuppe im Südosten vor Ihnen an. Danach geht es am Ufer entlang.

km 32 Am linken Ufer erkennen Sie die ersten Häuser von **Tormäsenvaara**. Rechts tauchen zwei kleine Inseln auf. Halten Sie sich immer am Ufer, bis Sie rechts bei

km 36 zwei weitere kleine Inseln sehen, die, nur durch einen schmalen Schilfgürtel getrennt, wie eine Insel aussehen. Am Ende der zweiten Insel steht ein weißes Schild mit einem blauen „L". Biegen Sie hier nach links in nordwestliche Richtung ab, und fahren Sie unter einer **Straßenbrücke** in eine spitz zulaufende Bucht.

km 39 Anschließend geht es am linken Ufer weiter, im Nordosten öffnet sich eine schmale Durchfahrt zwischen zwei Landzungen in den Välijärvi. Halten Sie sich danach am rechten Ufer. Im Nordwesten erblicken Sie eine breite Durchfahrt, über die Sie den **Muojärvi** erreichen. Im Nordosten sehen Sie eine Miniinsel mit einem Schild (schwarzes „E"), dahinter erheben sich, entfernt an Kamelhöcker erinnernd, die Kuppen der **Korkeasaari**.

km 45 Im Nordosten der Insel finden Sie einen breiten Sandstrand zum ⛺ Zelten mit 🔥 Feuerstelle.
Weiter geht es in Richtung Osten. Paddeln Sie zwischen der Inselgruppe **Uupuneet**, die aus zwei dicht zusammenliegenden und einer etwas weiter entfernten Insel besteht, und dem Südufer des **Muojärvi** durch.
In der nun folgenden Bucht sind viele der Inseln sehr klein und nicht in der Karte verzeichnet. Am einfachsten ist es, die Bucht und alle Inseln im Norden zu umfahren.

km 49,5 Am Ende ragt eine kleine Landzunge in die Bucht. Fahren Sie zwischen dem Ufer und der **Rajasaari** im Norden hindurch. Halten Sie sich am rechten Ufer in südöstliche Richtung. Auf Ihrer linken Seite passieren Sie nacheinander drei größere Inseln und fahren dahinter in eine annähernd rechteckige Bucht.

km 55,5 Am linken Ufer leuchten zwei einsame rote Häuser, am rechten Ufer erblicken Sie eine **Straßenbrücke**, unter der sich die Ausfahrt aus dem **Muojärvi** befindet. Die nächsten 100 m sind sehr flach, bei niedrigem Wasserstand ragen zahlreiche Steine aus dem Wasser. Dann kommen Sie an den **Koskenlampi**. Die Ausfahrt befindet sich am Südostufer, rechts von einer versteckt im Wald liegenden roten Hütte.

Sie erreichen den **Muojoki**, der breit und gemächlich dahinfließt. Das Ufer ist von Birken gesäumt. Im kristallklaren Wasser erspähen Sie Fische und Enten, die Sie begleiten, sowie Wasserpflanzen, die in der Strömung flattern. Nach der **Straßenbrücke** wird der Fluss breiter, die Ufer treten hinter einem breiten Schilfgürtel zurück.

km 57,5 Nach einer großen Rechtskurve kommen Sie zum Joukamojärvi. Vor Ihnen im Süden schiebt sich eine Landzunge in den See, der eine zweite folgt. Vor dieser zweiten Landzunge liegen zwei kleine Inseln. Fahren Sie auf die äußere zu und danach Richtung Osten weiter, das Ufer begleitet Sie immer auf der linken Seite. Rechts erstreckt sich die **Karjalansaari**.

Sie halten sich weiter am Ufer, nach einer kleinen Landzunge öffnet sich eine Bucht mit zwei kleinen Inseln, die Sie links liegen lassen. Hinter der zweiten Insel bei

km 62 fordert Sie ein lang gestreckter, breiter Sandstand zum ⛺ Zelten auf. Es geht am Ufer entlang auf die Landzunge zu. Am Ende der folgenden Bucht befindet sich die Ausfahrt des **Joukamojärvi**, die sehr schmal und etwas schwierig zu finden ist.

Fahren Sie auf das schmale, waldfreie Stück im Osten zu. Sie erreichen einen kleinen See und paddeln weiter nach Norden, wo Sie bei

km 66 die ⌂ **Piiksitammi-Hütte**, für 2 bis 3 Personen, erblicken.

Sie setzen Ihre Fahrt auf dem Fluss vor der Hütte in nördliche Richtung entgegen der schwachen Strömung fort.

ЖЖ Kurz hinter der Hütte kommen Sie an eine etwa 200 m lange, leichte Gefällstrecke mit zahlreichen aus dem Wasser ragenden Steinen, die die Weiterfahrt unmöglich machen. Auf der rechten Seite befinden sich Treppen, die bis in den Fluss reichen, sodass das Umtragen keine große Schwierigkeit ist.

Jetzt kommen Sie an den **Piiksilampi**. Fahren Sie in nordwestliche Richtung zuerst an einer kleinen Insel in der Mitte des Sees vorbei. Dann verlassen Sie den **Piiksilampi** und erreichen den größeren **Piiksiselkä**. Halten Sie sich am linken Ufer und fahren Sie auf die Häuser von **Kärpänkylä** im Nordwes ten zu, die Sie in einiger Entfernung erblicken.

km 74 Vor der Ortschaft **Kärpänkylä** ragt eine lang gestreckte Landzunge in den See, die Sie umfahren müssen, danach geht es in nordwestliche Richtung über den **Penikkasalmi** zurück in den Muojärvi. Vor Ihnen taucht die bereits bekannte **Rajasaari** auf. Von deren Nordostspitze paddeln Sie nach Norden bei

km 83 auf den **Kivisaari** zu und von dort nach **Kylmälä** im Nordwesten mit einigen vorgelagerten, lang gestreckten Inseln.

km 85 🛏 **Ervastin Maatilalomat**, Kylmäläntie 19, 93999 Kuusamo, ☏ +358/400/29 47 54, Hütten ab e 80 (Sommer)
Fahren Sie dann in Richtung Nordwesten zwischen der **Matalasaari** und der **Ahosaari** hindurch. Nachdem Sie die **Ahosaari** hinter sich gelassen haben, erblicken Sie vier kleine Inseln, hinter denen sich die Einfahrt in den **Kajavajärvi** versteckt. Halten Sie sich am rechten Ufer und fahren Sie bei

km 91 unter der **Straßenbrücke** hindurch in den **Kirpistö**. Paddeln Sie am rechten Ufer in nordwestliche Richtung und dann zwischen der Landzunge und der vorgelagerten Insel nach Norden bei

km 94 auf die Häuser von **Heikkilä** zu.

☺ ↳ Wenn Ihnen die Überquerung des **Kirpistö** an dieser Stelle zu lang erscheint, können Sie an der genannten Landzunge nach Osten und dann von der nächsten Landzunge aus nach Norden auf die Ortschaft **Kentttäaho** zupaddeln. Danach halten Sie sich am rechten Ufer und fahren nach Nordwesten.

Die Durchfahrt in den nächsten See ist etwas schwierig zu finden.
Fahren Sie in der Bucht vor **Heikkilä** zwischen der Landzunge und einer Insel, auf der Sie ein Schild mit einem „Z" (spiegelverkehrt) erkennen können, durch. In der folgenden Bucht sehen Sie am gegenüberliegenden Ufer ein gelbes Haus mit rotem Dach.
Rechts davon steht ein Strompfeiler, der Sie zu einem schmalen Bach führt, auf dem Sie die Tour fortsetzen.
Nach einer Straßenbrücke erreichen Sie den **Kiitämä**. Fahren Sie Richtung Osten, am Südufer der **Sonnisaari** entlang. An deren Ostzipfel wenden Sie sich noch vor der nächsten Insel nach Nordosten zur Landzunge mit einigen Häusern. Halten Sie sich am linken Ufer und fahren Sie in Richtung Nordosten auf die Häuser von **Hänninen** zu.

km 102 Aber bevor Sie diese erreichen, biegen Sie nach Nordwesten in den **Kapeasalmii** ab.

km 105 Dieser erweitert sich zum **Niskajärvi**.

km 106 An der **Straßenbrücke** teilt sich der Suininjoki in zwei Arme, die beide auf 300 m sehr flach werden. Bei gutem Wasserstand ist der linke Arm fahrbar.

Parallel zum rechten Arm verläuft ein Holzsteg, sodass Sie das Boot ohne Schwierigkeiten umtragen oder treideln können.

km 108 Der Fluss wird breiter, und Sie erreichen den Suininki. Halten Sie sich am rechten Ufer. Hinter der Landzunge öffnet sich eine große Bucht, die Sie rechts liegen lassen. Fahren Sie bei

km 113 zur Nordspitze der Halbinsel **Hoikkaniemi** und von dort in Richtung Nordwesten auf die Häuser von **Määttälänvaara** zu.

Sie steuern zwischen dem Festland und der vorgelagerten Lahtosaari hindurch. Die folgende Insel umfahren Sie im Süden, danach Richtung Norden am rechten Ufer weiter.

km 118 Die Aussatzstelle befindet sich im äußersten Nordostzipfel der Bucht.

Wie weiter?

Gehen Sie an der Aussatzstelle 50 m nach links, bis Sie auf die Hauptstraße Vuoturgintie (Nr. 8690) treffen. Dort wenden Sie sich nach links und erreichen nach wenigen Metern die Haltestelle („Vaaraperä").

Sie können diese Tour auf dem **Varisjoki** bis **Vuotunki** (keine Busverbindung, kein öffentliches Telefon) um etwa 15 km verlängern und von dort bei entsprechender Wildwassererfahrung auf dem **Kuusinkijoki** bis zum **Saunavaara** unweit der Grenze zu Russland fortsetzen (100 m Gefälle auf 15 km, Wildwasser I-II+, nur wenige und kurze Zahmwasserstrecken).

Tour 4: Iijärvi – Soivionjärvi – Iso-Kero – Irnijärvi

Auf dieser abwechslungsreichen Tour lösen sich Strecken auf Seen und Flüssen mit kleinen Stromschnellen ab. Die Strecke ist sowohl für Wanderkajaks als auch für Canadier geeignet.

Sie beginnen auf dem lang gezogenen, schmalen **Iijärvi** und gelangen über den **Kapea** nach **Poussu**. Über die **Poussunkoski**, die ihren Namen aber nur zur Zeit der Schneeschmelze verdient, kommen Sie zum **Soivionjärvi**, dessen Ufer nur dünn besiedelt sind. Nachdem Sie die **Kurenkoski** bewältigt haben, haben Sie im Großwildgehege am Westufer des Iso-Kero die Möglichkeit, Braunbären zu beobachten, bevor Sie die Tour am **Irnijärvi** beenden.

Länge: 50 km

Startpunkt: Hotel Kuusamon Portti, etwa 15 km südlich von Kuusamo an der Fernstraße 5/E63 in Richtung Kajaani gelegen.

mehrmals täglich in Richtung Kajaani

Der Expressbus hält nicht am Kuusamon Portti.

Endpunkt: Straßenbrücke/Rastplatz in Irni, etwa 45 km südlich von Kuusamo an der Fernstraße 5/E63 in Richtung Kajaani gelegen.

nur 1 x pro Tag am frühen Nachmittag und nur während der Schulzeit

Umtragungen: Entlang der Strecke gibt es je nach Wasserstand mehr oder weniger viele Stellen, an denen aus dem Wasser ragende Felsen für die ein oder andere Grundberührung sorgen und die Weiterfahrt behindern. Außerdem können Sie sich auf eine leichte Wildwasserpassage einstellen (nach der Schneeschmelze zwei). Die Strecken sind aber allesamt sehr kurz und Umtragungen sind nicht nötig. Es genügt, wenn Sie sich nasse Füße holen, das leere Boot durch eine Engstelle manövrieren und Ihre Fahrt dann fortsetzen.

Wasser: Das Wasser des **Iijärvis** stammt vom noch weitgehend unberührten Iivaara und die Qualität ist dementsprechend gut.

Übernachtungsmöglichkeiten: Entlang der Ufer befinden sich vereinzelt Sommerhäuser und Bauernhöfe, aber Sie finden genügend unbewohnte Abschnitte und zahlreiche Inseln zum Zelten. Am Kurjenjoki befinden sich zwei ☒ Laavus.

Es geht los.

km 0 Kuusamon Portti, Kajaantintie 151, 93999 Kuusamo,
+358/44/566 76 85, www.kuusamonportti.fi,
Doppelzimmer € 90,
Vom Steg am Hotel starten Sie in östliche Richtung. Halten Sie sich immer am rechten (südlichen) Ufer des **Iijärvi** und steuern Sie bei

km 4 auf den **Niskavaara** zu, einen 350 m hohen Hügel, auf dem eine breite Holzeinschlagschneise den Blick zum Mobilfunkturm leitet. Wenden Sie sich nach Süden und fahren Sie auf dem **Kapea** bis zur Straßenbrücke, die nach **Poussu** führt. 100 m vor der Brücke befindet sich eine kleine Stufe, die in der Mitte zu fahren ist. Der Fluss macht nach der Brücke eine Linkskurve und es folgt eine 200 m lange Strecke, die zur Zeit der Schneeschmelze zu leichtem Wildwasser wird. Bei niedrigen Wasserständen sind die Steine, die aus dem Wasser ragen, das größere Problem. Halten Sie sich zu Beginn links und schlängeln Sie sich dann mittig durch diesen Abschnitt. Der Fluss wird breiter und Sie erreichen den **Poussunjärvi**.

Am gegenüberliegenden Ufer sehen Sie mittig eine Landzunge. Über die linke Bucht verläuft eine Stromleitung. Fahren Sie in südöstliche Richtung und steuern Sie die rechte Bucht an.

km 11 Der **Poussunjärvi** verengt sich zuerst zu einem Fluss, der Sie in südöstliche Richtung führt, und erweitert sich dann zum **Rahkolampi**. Lassen Sie die Abzweigung im Nordosten links liegen und paddeln Sie am rechten Ufer entlang nach Süden.

Weiter geht es auf einem schmalen Fluss, der sehr flach wird. Am Ende der etwa 200 m langen, steinigen Strecke versperrt bei niedrigem Wasserstand eine Reihe von Findlingen den Weg. Am einfachsten ist es, an einem großen Stein auszusteigen, das Boot durch diese Steinbarriere zu manövrieren und dann am rechten Ufer zurück ins Boot zu klettern.

km 13 Hinter der **Straßenbrücke** folgt noch ein etwa 150 m langer Abschnitt mit garantierten Grundberührungen, dann erreichen Sie den **Mustalahti**. Überqueren Sie den See in südliche Richtung. Fahren Sie dazu geradeaus auf die zwei Hütten am gegenüberliegenden Ufer zu und halten Sie sich danach am rechten Ufer.

Zwei in den See ragende Landzungen lassen nur eine schmale Durchfahrt. Die zwei Inseln dahinter umfahren Sie im Süden. Am Ende der zweiten Insel steuern Sie nach rechts in nordwestliche Richtung auf die Landzunge zu, wo Sie einen Bauernhof erkennen können.

km 18 Umrunden Sie die Landzunge und paddeln Sie danach am linken Ufer weiter nach Süden. In dem nun folgenden Flussabschnitt, der in der Mitte gut fahrbar ist, ragen zahlreiche Felsbrocken aus dem Wasser. Der Fluss öffnet sich zum **Raakunjärvi**. Halten Sie sich am rechten Ufer und umrunden Sie die spitz zulaufende Landzunge. Fahren Sie an deren Ende in Richtung Südwesten bei

km 21,5 in den **Kurjenjoki**. Dessen Oberlauf wurde zu einem Kanal umgebaut. Nachdem der Kanal auf das alte Flussbett getroffen ist (⌂ offene Wildmarkhütte am rechten Ufer), folgt eine etwa 1 km lange Stromschnellenfahrt, gespickt mit zahlreichen großen Findlingen.

Beginnen Sie am linken Flussufer (☒ Unterstand links nach 500 m). Auf Höhe des Hauses am linken Ufer haben Sie den „wilden" Teil der Tour hinter sich gebracht. Der Fluss fließt gemächlich dahin, das rechte Ufer wird sumpfiger. Am Ende des Schilfgürtels fahren Sie bei

km 25 in den **Pikku-Kero**. Visieren Sie den Mobilfunkturm am gegenüberliegenden Ufer an und überqueren Sie den See in südwestliche Richtung. Am Ende geht es auf einem schmalen Fluss weiter, der sich bei

km 26 in zwei Arme teilt. Halten Sie sich rechts. Nach der **Straßenbrücke** verbreitert sich der Fluss

km 27 Sie erreichen den **Iso-Kero** und steuern Richtung Westen.

km 31 An der **Iso Käsmänsaari** mit einer kleinen vorgelagerten Insel halten Sie sich an das Südufer der Insel. Fahren Sie am Ende weiter in Richtung Westen bis zum gegenüberliegenden Ufer, an dem Sie sich nach Süden wenden.

km 35 In der Bucht nach der breiten Landzunge befindet sich ein langer Sandstrand.

Im nordwestlichen Teil führt eine Treppe zum Autorastplatz an der Fernstraße. Laufen Sie diese nach rechts. An der Kreuzung nach 300 m führt ein Feldweg nach rechts zu einer Aufzuchtstation für Bären, Luchse und Füchse, **Kuusamon Suurpetokeskus**. Die Gehege können mit einem Führer, der im Hauptgebäude der Farm zu finden ist, besichtigt werden.

♦ Keronrannantie 31, 9399 Kuusamo, ☏ +358/8/86 17 13, 💻 www.kuusamon-suurpetokeskus.fi, 🚪 Frühjahr bis Herbst tgl. 10:00-17:00, Erwachsene € 15, Kinder € 10

Sie setzen Ihre Tour in südöstliche Richtung fort und steuern die Landzunge an. Die folgende große Bucht lassen Sie rechts liegen und steuern das Boot auf einem Kurs in südwestliche Richtung.

km 38 Die Ausfahrt aus dem **Iso-Kero** liegt zwischen zwei langen, aufgeschütteten Steinwällen. An deren Ende unterfahren Sie eine **Brücke** und erreichen den **Heikkisenlampi**.

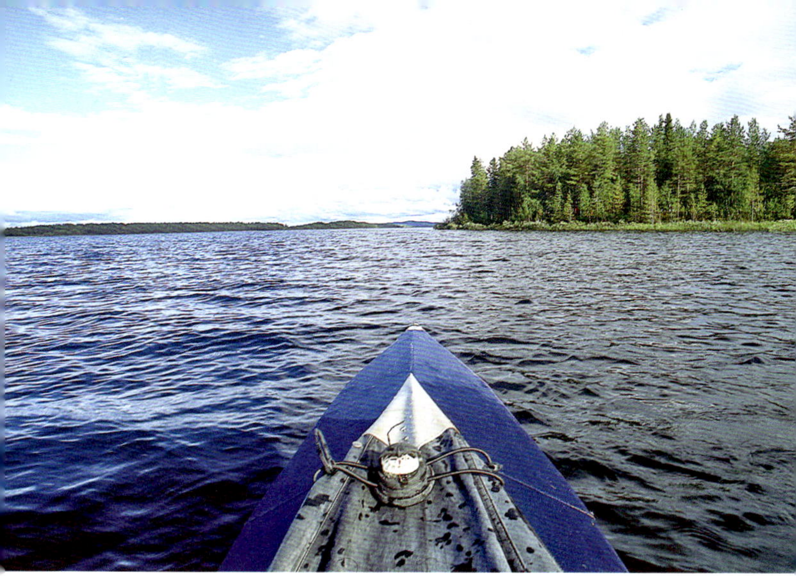

Der langgestreckte Iijärvi liegt etwa 20 km südlich von Kuusamo

Steuern Sie in südöstliche Richtung zwischen der lang gestreckten, unbewaldeten Insel und dem rechten Ufer hindurch, um die Landzunge mit den Häusern der Siedlung Irninniemie herum und bei

km 43 in den **Iirnijärvi**. Halten Sie sich am rechten (nördlichen) Ufer und paddeln Sie auf die Häuser von **Irni** im Westen zu.

Links von Ihnen taucht die **Korkeamaa** mit einer Sandkliffküste auf. Dahinter folgt die Einfahrt in den lang gestreckten, schmalen **Lapinlampi**. Halten Sie sich stets am rechten Ufer, bis Sie bei

km 50 die **Straßenbrücke** der Fernstraße 5/E63 erreichen. Anlegen auf der linken Seite. Sie könnten auch unter der Brücke hindurch in den **Polojärvi** fahren. An dessen linken (östlichen) Ufer erreichen Sie nach 300 m einen Rastplatz.

Wie weiter?

Bushaltestelle auf der Straße nach rechts hinter der Kreuzung in Irni.

Über den **Iijoki** können Sie diese Tour bis zum Bottnischen Meerbusen fortsetzen.

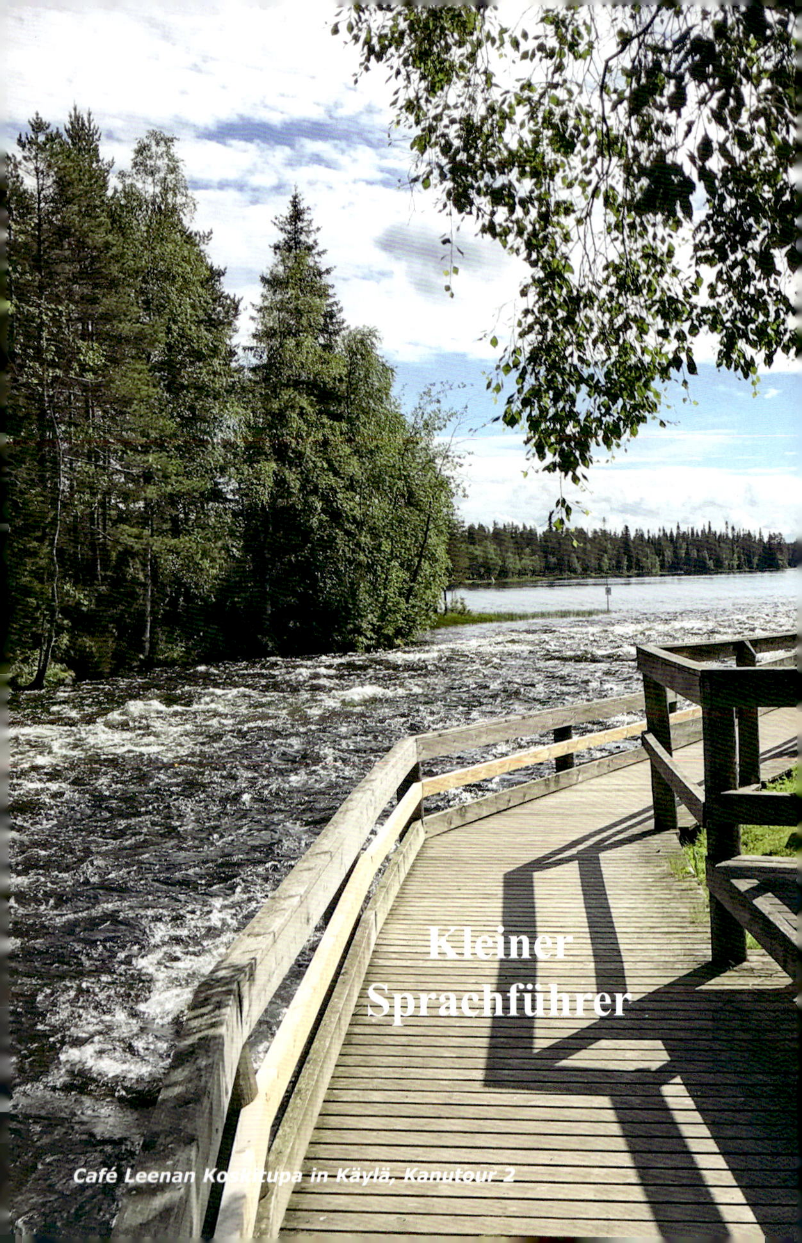

Kleiner Sprachführer

Café Leenan Koskitupa in Käylä, Kanutour 2

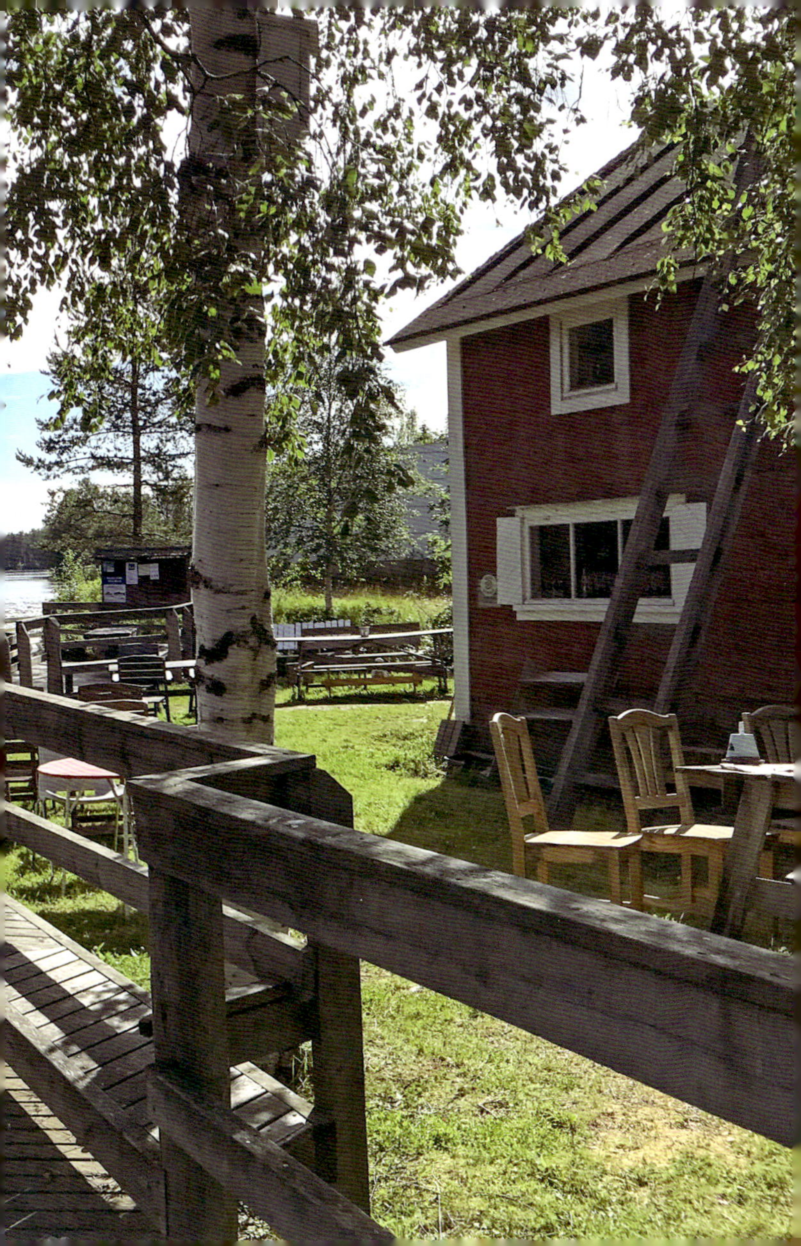

Im Folgenden eine Wortliste mit den wichtigsten geografischen Bezeichnungen und Paddelvokabular zum einfacheren Verständnis der Landkarten.

Finnisch	**Deutsch**
akanvirta	Walze
etelään	südlich
harju	Bergrücken
huippu	Gipfel
itään	östlich
järvi	See
joensuu	Flussmündung
joki	Fluss
kallio	felsige Bergwand
kannas	Landenge
katu	Straße
kaupunki	Stadt
kirkko	Kirche
koste	Kehrwasser
koski	Wasserfall, Stromschnelle
kylä	Dorf
kynnys	Stufe; Steine, quer über das ganze Flussbett, meist am Ende der Stromschnelle
köngäs	steile Stromschnelle
laakso	Tal
länteen	westlich
lahti	Bucht
laiva	Schiff
lauta, lossi	Fähre
luusua	Mündungsstelle im See
uonnonsuojelualue	Naturschutzgebiet
maantie	Landstraße
mäki	Hügel
maja	Hütte
metsä	Wald
musta vesi	„schwarzes Wasser“ = glatte Wasseroberfläche
nielu	„Rachen“, tiefe Stelle in der Stromschnelle
niemi	Halbinsel

Finnisch	Deutsch
niska	„Nacken", Anfangsstelle der Schnelle
niva	stärkere Strömung, geringer als eine Stromschnelle
pahto	Wehr
pohjapato	Grundwehr, Unterwasserstufe
pohjoiseen	nördlich
puro	Bach
raja	Grenze
ranta	Strand, Flachküste
riutta	Sandbank
sahi	stärkere Strömung, geringer als eine Stromschnelle
salmi	enge Verbindung zwischen zwei Seen
saari	Insel
selkä	Bergrücken
silta	Brücke
suisto	Delta, Flussmündung
suo	Moor
suvanto	Zahmwasser
tammi	Wehr
tie	Weg
tunturi	waldloser Berg
vaara/vuori	Berg
valkoinen vesi	„weißes Wasser", die Oberfläche ist aufgewühlt und mit Schaumkronen bedeckt
venekoppi	Bootshaus
vesi	Wasser, Gewässer

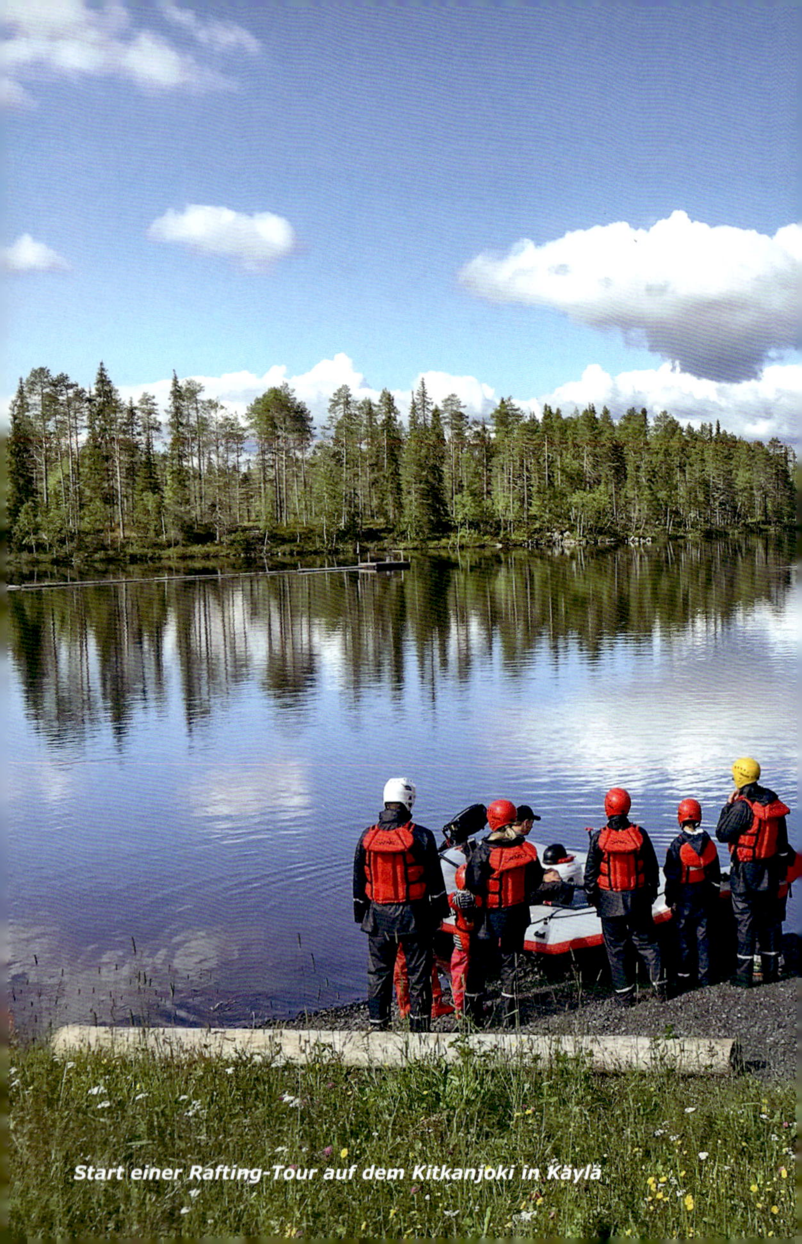

Start einer Rafting-Tour auf dem Kitkanjoki in Käylä

Index

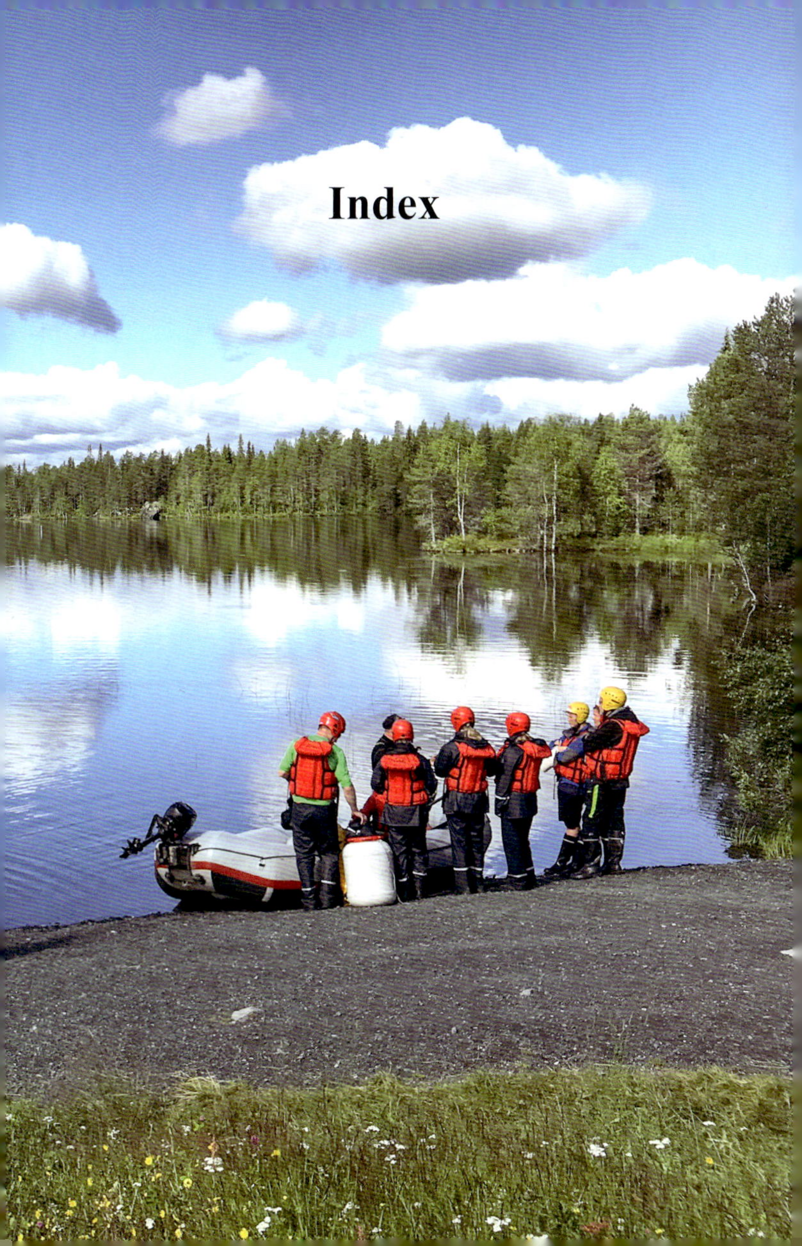

A/B

C/D

E/F

G

H

I/J

K

L/M

N

O

P

R

S

T

U

V

W/X/Y

freytag & berndt
www.freytagberndt.com
DIE REISEBUCHHANDLUNG IM HERZEN WIENS
Wallnerstraße 3, 1010 Wien
Tel.: +43-(0)1-533 86 85
shop@freytagberndt.at